アラハバキ・まつろわぬ神

古代東国王権は消されたか

戸矢 学

河出書房新社

まえがき

アラハバキ……この呼称について抱かれるイメージは近年百家争鳴をきわめて多様な変遷を経てきたが、古代においてこの国を二分する東西の王権の片方の王というのが、これまでに衆議到達したおおよその認知であろうか。信濃・尾張より西はアマテラス＝イワレヒコ政権によるヤマト国、そしてそれより東は蝦夷《えぞ》（あるいは日高見国《ひだかみのくに》）と呼ばれるエリアで、これを統括する者がアラハバキであった、と。

ヤマト朝廷による東征は、スサノヲ、ヤマトタケル、坂上田村麻呂などにより繰り返しおこなわれているところから、ヤマトに服属も従属もしない根強いアイデンティティが東国にはあって、アラハバキは、その象徴ともいうべき存在とされている。とりわけ、東国に親近感を抱く人による創作《フィクション》（主にSF漫画やファンタジー小説）によって形作られた偶像《アイドル》が、あたかもノンフィクションの実像であるかのように一人歩きを始めていて、史実として追求するためには障害にしかならないという困った状況に立ち至っている。東国が置かれてきたこれまでの長い歴史のほとんどが征討対象であったことからくる意識が抜きがたく根底にあって、その反動も大いに手伝っているであろうことは想像にかたくないのだが、史実を見極めるためには、史実を無視して讃えるようなことがあってはならないし、むろん必要以上に貶《おとし》めるようなことがあってもならない。

アラハバキが「記紀」を初めとする古典籍に記録がまったくないために、誰が何を言っても否定することができないのは、こういった成り行きを野放しにする理由の一つでもあるのだが、古典籍よりもはるか以前から存在している各地の神社にその痕跡が残っていることをまずは誰もが認識しなければならないだろう。最も古い古典籍の『古事記』でも八世紀前半の成立であって、これに対して神社の発生は六世紀前半であるから、少なくとも二百年先行している。

アラハバキが、東国（関東から東北にかけての地域）に王権を樹立し、ヤマトの覇王スサノヲに反旗を翻してその名を賞揚された英傑であったことに異論をとなえる者はあるまいが、最終的には「まつろわぬもの」として討ち果たされたとされる。その名残が各地のアラハバキ神社に残っているということである。

武蔵国大宮（現・さいたま市大宮区）にスサノヲが新たな王宮を開いた際には、それまで当地の地主神であったことを尊重し、荒脛巾《あらはばき》神社としてスサノヲの傍らに懇篤に祀られた（後に門客人《もんきやくじん》神社と改称される）。以後、東国の守り神として鎮められたとされている。アラハバキの終焉から間もない時期であると推測されるので、アラハバキ神社として当社が最古ということになるのかもしれない。

いかなる信仰であっても大なり小なり同様の経過を辿るものであるが、これ以後、アラハバキ信仰もやはり実態とは無関係に広がった。したがって、その信仰の痕跡を古きも新しきも共々に考察してもあまり意味はないだろう。せいぜい何種類かのパターンが見出だされるばかりで、本質からは離れることになりかねない。本書が求めているのは、拡散ではなく収斂《しゅうれん》なのだから。

ただし、それ以上の事績については皆目わからない。その正体は依然として不明であって、ヤマトが巧妙に隠蔽をはかったゆえに手掛かりがほとんど残っていないからなのか、それとも他に何か特別な理由があったのか、残念ながら、捏造されたデマゴギーによって真相は混沌の闇の中に埋没した。しかしそれが、古代東国（蝦夷地＋α）の信仰および政体がいかなるものであったのかを解明する数少ない手掛かりであるとともに、あまりにも稀少であるがゆえに、かえって憶測や空想、捏造をもたらし、むしろ謎を深めてきた。空白を埋めるために空想が横行し、しかもそれを公共が追認するかのような愚行までもがあちこちで発生してしまったのは如何ともしがたい。

デマゴギーの原因のほとんどが『東日流《つがる》外三郡誌《そとさんぐんし》』なる偽書に由来することは周知であるが、とりわけ誤解誤認を広めたのは、アラハバキという名の解釈と、偽書由来の造形によってであろう。詳細は本文に譲るが、ハバキは脛巾《はばき》（すねあて）などではないし、姿形造形は遮光器土偶とは何の関係もないと、初めに断言しておこう。そしてこの二つの誤認を解くことで、真相に肉薄することになるだろう。それが本書の入り口である。

本書読了後に、はたしてあなたがどんな姿のアラハバキに出会うことになるか、それはあなたにとって、新たな古代史の始まりになるだろう。

令和六年初秋　著者

アラハバキ・まつろわぬ神——古代東国王権は消されたか ◉ 目次

第五章　八氏族の正体　152

装幀——design POOL（北里俊明＋田中智子）

アラハバキ・まつろわぬ神

古代東国王権は消されたか

第一章　氷川神社の客神に祀り上げられたアラハバキ

アラハバキとは何者か

大宮氷川神社は、もとからスサノヲの祭祀地であったものではない。境内に配祀されている門客人《もんきやくじん》神社に祀られていた祭神こそが元々のこの地の主祭神であって、氷川神社はその聖地の上に建設したものである。そして元々の祭神は、氷川神社本殿の東側にアラハバキ神社として遷祀された。にもかかわらず、いまやその痕跡もない。神社の名称も、そこに祀られていた祭神名もまったく別ものになっている。

▼門客人神社《もんきやくじん》（旧・荒脛巾《あらはばき》神社／氷川神社境内社）埼玉県さいたま市大宮区高鼻町《たかはな》
【祭神】足摩乳命《あしなづち》　手摩乳命《てなづち》

これが現在の姿である。

祭神は公式には右のようにアシナヅチ、テナヅチで、両者はクシナダの父母であるから、スサノヲの義父母ということになるので、祭神変更するにしても、主祭神との関連性を強調して糊塗するために意図的に義父母としたものであろう。それ以前は櫛磐窗神《くしいわまど》と豐磐窗神《とよいわまど》という神であって、それからさらに替えられたことになる。その時期の手本となったとされる神社が出雲と安芸にある。

▼**門客人神社**《もんのまろうど》（日御碕《ひのみさき》神社境内社）島根県出雲市大社町《たいしゃ》日御碕《ひのみさき》（旧出雲国神門郡）
【祭神】櫛磐窗神《くしいわまど》　豐磐窗神《とよいわまど》
▼**門客神社**《かどまろうど》（厳島神社境内社）広島県廿日市宮島町（旧安芸国佐伯郡）
【祭神】櫛石窗神　豐石窗神

櫛石窗神、豐石窗神とは、『古語拾遺』の天の石屋の段において、石屋から引き出した天照大神を新殿に遷し、この二神がその殿門の守衛を務めたとあり、ともに「門番の神」である。つまり、門番以上のものではなく、アラハバキとは何の関係もない。

この事実は、むしろアラハバキが「消された王権」であったという歴史的事実を示すものであろう。せっかくスサノヲがアラハバキ神社として手厚く祀ったものを、何者かが消し去ってしまったのだ。当社の伝承でも元々はアラハバキが祭神であって、名称もアラハバキ神社であったとされている。そもそもは氷川の主体がスサノヲとなった際に、アラハバキを「もとの地主神」として遇したものだが、それをはるか後世の関係者が形式的には単なる門番としてしまった。

氷川が、アラハバキの鎮座地を乗っ取る（簒奪する）際に、アラハバキ神をアラハバキ神社として本殿脇に遷宮したのは妥当であろう。それならば征討して勝者となった証でありつつ、もとの地主神として尊重する形になっている。

しかし後年、そのアラハバキ神社を門客人神社と名称変更して、祭神を最終的に現在の足摩乳命、手摩乳命にまで変えたのは、東国王権の全否定を目指したという政治的意図が見える。

なお本書では「門客人神」については限定的に採りあげる。大宮氷川神社が当地の元の神である荒脛巾神社を近年になってから門客人神社に改称したために、以後各地の氷川神社にも追随して門客人神社を境内社《けいだいしゃ》として祀るところが少なからず発生した。しかしアラハバキは氷川の「門客人」ではない。そもそも「門客人神社」という名称は当時の社人であった者の発明で、門客、客人、門人などの語彙はあっても門客人という語彙は神社においては存在しない。大宮氷川に地主神として元から鎮座していたアラハバキ神を、あたかも門番の神として起用したかのように見せるために（つまり格下に見せるために）「門」の字を用い、しかし畏敬して「客人《まろうど》」であるともしたことから木に竹を接《つ》いだような「門客人」になったのであろう。以後、追随する各地の氷川神社は、あたかも門客人神社＝客人神であるかのように遇しているが、そのような根拠はどこにもない。

門客人神社（向かって左奥に大宮氷川神社本殿が鎮座する）

　門客人神社と改称されたこの社の祭神は、大宮氷川神社が明示しているように足摩乳命、手摩乳命であって、アラハバキではないのだ。荒脛巾神社およびアラハバキ神は、この時に、消された。これは完全なる聖地の簒奪である。

【客人神を祭神に祀る神社（＊神社本庁登録のみ）】

▼**三十番《さんじゅうばん》神社**（通称　番《ばん》神社）埼玉県行田市字郷地（旧武蔵国埼玉郡）

【祭神】熱田大明神　諏方大明神　廣田大明神　氣比大明神　氣多大明神　鹿嶋大明神　北野大明神　江文大明神　貴布禰大明神　伊勢大明神　八幡大菩薩　賀茂大明神　松尾大明神　大原野大明神　春日大明神　平野大明神　大比叡大明神　小比叡大明神　聖眞子権現　**客人大権現**　八王子権現　稲荷大明神　住吉大明神　祇園大明神　赤山大明神　健部大明神　三上大明神　兵主大明神　苗鹿大明神　吉備津大明神

▼**六所《ろくしょ》神社**（京都府京都市山科区上花山旭山町（旧山城国宇治郡）

【祭神】熊野三所大神　伊邪那岐命　伊邪那美命　速玉男之命　事解之男命　八幡大神　稲荷大神　松尾大神　**客人大神**　譽田別命　宇迦魂命　大山祇命　日吉二十一社神　久久理比咩命

▼**氷川《ひかわ》神社**（通称　祇園《ぎおん》社・穴道《しんじ》社）八束郡宍道町宍道（旧出雲国意宇郡）

【祭神】須佐之男命　櫛稲田姫命　天忍穂耳命　天穂日命　天津日子根命　活津日子根命　熊野久須比命　多起理姫命　市杵嶋媛命　多岐都姫命（合祀）大己貴命　事代主命　**客大明神**　大日孁貴尊

「延喜式神名帳」（九二七年成立）では氷川社は「一社一座」となっているが、確認できる限りでは、中世末期の一五六二（永禄五）年には四社四神主家体制になっていたとされる。

男体《なんたい》社（岩井氏）……………………別の記録では「男体宮」

女体《にょたい》社（角井《つのい》氏）…………………………別の記録では「女体宮」
簸《ひ》王子《おうじ》社（内倉氏）……………………別の記録では「本社」
荒脛巾社（金杉氏、のちに改姓）…………なし（あるいは「仮宮」説）

このような構成であって、しかも四社同格とされた。同格ということは、社殿建築の規模においても同格ということで、後の資料に記録された社殿の寸法でも四社まったく同一であった。荒脛巾社は門客人神社となって境内社に格下げされるが、一五六二年当時は他の三社と比べても遜色なかったということである。

これが文化・文政期（一八〇四〜一八二九）の『新編武蔵風土記稿』では次のようになっている。

男躰社……（祭神：素戔嗚命、相殿：伊弉諾尊・日本武尊・大己貴命）
女躰社……（祭神：稲田姫命、相殿：天照太神宮・伊弉冉尊・三穂津媛命）
簸王子社……（祭神：大己貴命）
摂社門客人社……（祭神：豊磐窓命・櫛磐窓命）

門客人神社は祭神が豊磐窓命・櫛磐窓命（門番神）に替えられ、その後さらに足摩乳命、手摩乳命に替えたのは誰の仕業か、それについては後ほど述べる。

なお、祭神がなにゆえに足摩乳命・手摩乳命なのかというと、スサノヲの妻であるクシナダの父母であるから手頃であったのであろうが、実はここには隠された意味がある。

古語で蛇を「ミヅチ」と称するところから「足の無いミヅチ」「手の無いミヅチ」という意味に近づけようとしたのか、造形的に蛇神を連想させせようとし、その雌雄を門の守りである門客人として祀ったとも考えられる。

全国の門客人《もんきやくじん》神社、門客神社にも祭神を足摩乳命・手摩乳命としているところが数社あるが、その創建が大宮氷川の門客人神社より前なのか後なのかは不詳である。

門客人《もんきやくじん》とはアラハバキのことか

「客人神《まろうどしん》」とは、本来は必ずしも特定の神を指すものではなく、一種の代名詞であって、ヤマト朝廷が征服の過程で統合吸収した土着神のことをいう。

土着神を意図的に「客人」扱いすることによって、それを貶めることなく、しかし主体はヤマトになったのだということを告知するために工夫された表現であるのだろう。名称が抽象的な代名詞になれば、やがて実態は忘れ去られるだろうという深謀遠慮であろうか。氷川神社では、それをさらに「門客人」と呼ぶことによって、〝門番〟の神という位置付けにして、主従関係を宣言したとも考えられるのだが、いかがなものだろうか。さながら、鹿児島の隼人《はやと》族が、朝廷に服従した後は宮殿の守備兵とされたように。本来ならばこの地の「主」であるはずの神を、「客」と遇することによって、相手を立てつつもみずからの立場を「上位」に置こうという姑息な手法である。

この後（江戸時代）、武蔵国（埼玉・東京・神奈川の一部）地域を中心に関東各地に氷川神社は分祀勧請されるが、門客人神社もセットで勧請されたものが少なからず存在し、その場合の門客人神はいうまでもなくすべて同一の神のはずであるが、想像通りその客神が何者であるかみごとに忘れ去られた。つまり、氷川神社の摂社末社たる門客人神社（埼玉県内に公式には現在七社鎮座）は、本来ならすべてアラハバキ神であるはずなのに、もはや影も形もない。

たとえば次の二社も、神社本庁登録の祭神名にアラハバキは見当たらない。

▼**門客人社**《まろうどしゃ》（氷川神社境内社）埼玉県さいたま市浦和区本太
【祭神】不明

▼**門客人社**《まろうどしゃ》（氷川社境内社）埼玉県さいたま市西区宮前町
【祭神】（配祀）手名槌命《てなづちのみこと》　（主神）足名槌命《あしなづちのみこと》

なお、出雲のお膝元である宍道《しんじ》に鎮座する氷川神社は、祭神として**客大明神**という神が合祀されているが、これがアラハバキのことであるか否か不明である。祭神名が列挙される中にあって唯一代名詞であるのが異様であるが、朝廷への忖度《そんたく》でもあろうか。

▼**氷川神社**《ひかわ》（通称　祇園《ぎおん》社・穴道《しんじ》社）島根県松江市宍道町宍道
【祭神】須佐之男命　櫛稲田姫命　天忍穂耳命　天穂日命　天津日子根命　活津日子根命　熊野久須比命　多起理姫命　市杵嶋媛命　多岐都姫命　（合祀）大己貴命　事代主命　**客大明神**　大日孁貴尊

また、社名そのものに「アラハバキ」を掲げている神社は今回確認されたものだけで、東日本に二十数社鎮座しているが、こちらは次のように社名にアラハバキを残しつつも、祭神を変えてしまっている。

▼**荒脛巾《あらはばき》神社**　福島県会津若松市湊町大字赤井字赤井

【祭神】鹽椎神《しおつちのかみ》

▼**荒波々伎《あらはばき》神社**（二宮神社境内社）東京都あきる野市二宮

【祭神】櫛磐窗命《くしいわまどのみこと》

▼**荒羽々気《あらはばき》神社**（三河国一之宮・砥鹿《とが》神社境内社）愛知県豊川市一宮町西垣内

【祭神】大己貴命《おおなむちのみこと》の荒魂《あらみたま》

鹽椎神は、別名塩土老翁《しおつちのおじ》。鹽竈《しおがま》神社（陸奥国一宮）の祭神で、潮流を司る神である。東北地方に特有の海人族の神であるが、アラハバキに代えて祭神としたのは〝土着〟への敬意であろうか。

櫛磐窓命《くしいわまどのみこと》とは門を司る神であるから、門客人神を役割のみとらえて置き代えたものであるのだろう。

大己貴命《おおなむちのみこと》の荒魂《あらみたま》は、荒羽々気《あらはばき》を名乗りながら出雲の土着神に代えていることで〝隠れた〟としているのか、それともヤマトへの忖度か。

いずれも、ヤマト朝廷への遠慮か指示か不明であるが、古き神は多少の痕跡は残しつつも、表舞台からは消し去られた。

あらためて断言しておくが、現在の門客人神社にアラハバキはいない。門客人神社と名を変え、別の祭神に変えた時点で、アラハバキはその地から完全に消されたのだ。そもそもアラハバキと門客人神社とは何の関係もない。

なお、これ以降、本書にいう「海人族」とは「あまぞく」と訓読し、南方から日本列島に渡来した人々をいう。主に、インドネシア系と、シナ江南・インド系の二系統があり、それぞれゆるやかな集団・徒党を形成しているが、渡来した時代によって系統が異なるとされる。縄文時代は航海や漁撈を生業とし、時代が進むにつれて海上輸送や海上軍事に従事するように特化して行った。九州南部から四国、瀬戸内、紀伊半島、尾張、伊豆、三浦、房総半島などに、海部《あまべ》氏、津守《つもり》氏、尾張氏、安曇《あづみ》氏、三浦氏、伊豆氏、安房《あわ》氏等がそれぞれ拠点を得て、海上の輸送や軍事をほぼ独占して繁栄した。とくに和人の居住地域から隔絶されていた紀伊熊野から伊勢志摩にかけては、すでに縄文時代から渡来しており、牟婁《むろ》郡すなわち熊野を中心に各地に拠点を定めていた。古代においてその指導的氏族が熊野氏であって、後に熊野国造《こくそう》ともなり、熊野水軍や九鬼《くき》水軍を統括していた（＊詳細は拙著『熊楠の神』参照）。海部氏、津守氏、尾張氏、伊豆氏なども当該地の津（港）を拠点に国造を称し、海の神を祀った。

アラハバキが「消された王権」となったことはまぎれもない歴史的事実であって、ヤマトの東国統治においていかに邪魔な存在であると考えていたかが判然する事件である。せっかくスサノヲがアラハバキ神社として手厚く祀ったものを、何者かが消し去ってしまったのだ。この手法は、古来の神道信仰のものではない。

さてそれでは「アラハバキ」とは、いかなる神であろうか。「記紀」にはもちろん「風土記」にも登場しない神名であるが、まぎれもなくそれ以前より信仰されている古き神である。戦後に創作された偽書『東日流外三郡誌《つがるそとさんぐんし》』によって、誤った概念やイメージが拡散してしまったために、まともな研究が日の目を見なくなってしまったが、そういう呼び名の古き神が東国全域で信仰されていたことは

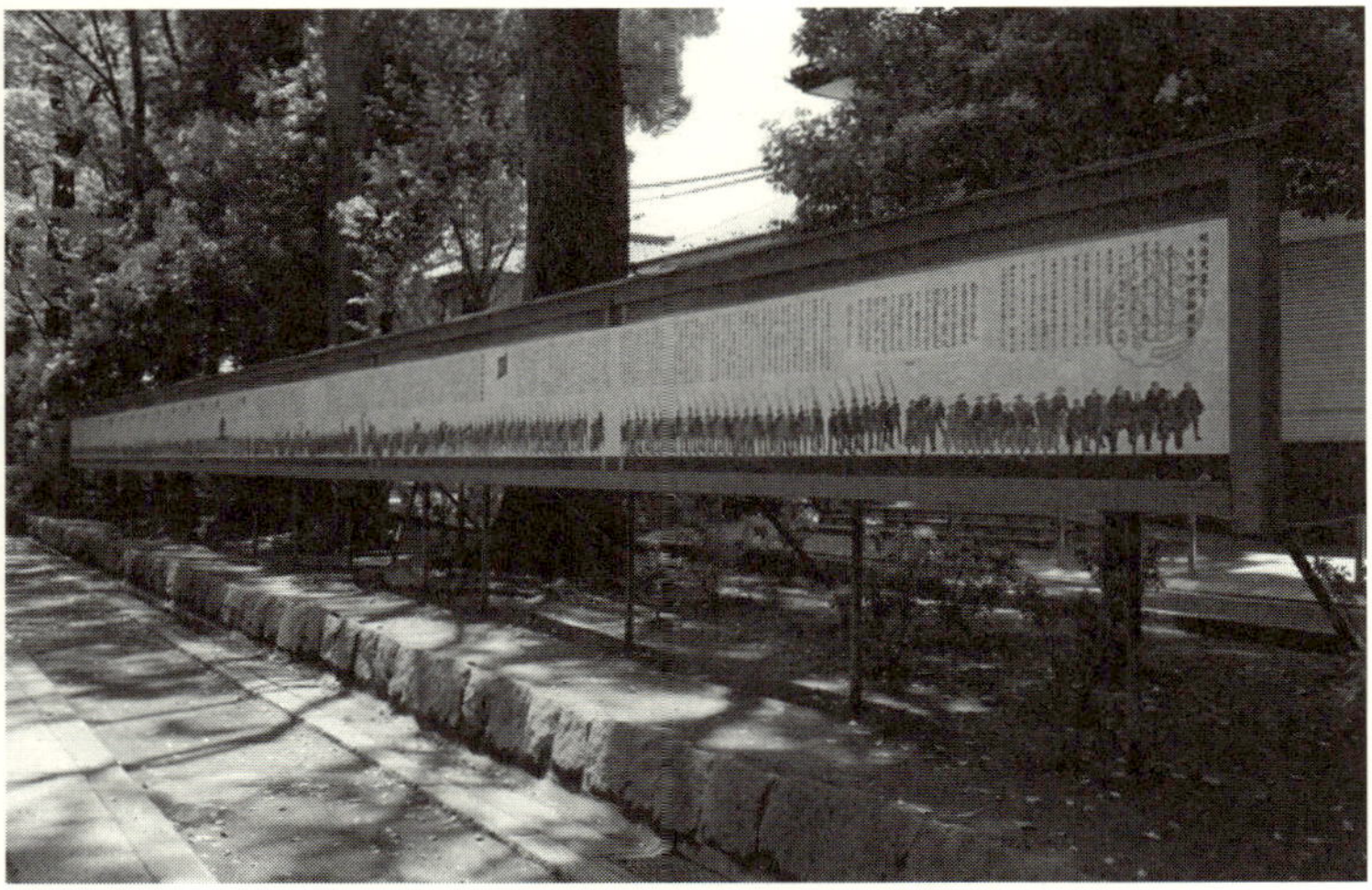

氷川神社行幸絵巻／山田衛居筆（氷川神社蔵© PIXTA）

間違いない。「縄文由来の神」であるか否か後ほど解明するが、東国を征討しようとしていたヤマトは、アラハバキと対決した。しかもヤマト特有のやりかたで。それは、蛮族をもって蛮族を征するという手法である。その頃、无邪志《むさし》にはすでに渡来の王族・スサノヲが覇者として入植していた。

いずれにせよ、手掛かりのきわめて少ないアラハバキであるが、氷川神との距離感によって、アラハバキの姿に迫ることが最良の方法ではないかというのが、本書の発想の源である。氷川神に、日本人の多くが認識している神であって、特に明治時代になってからは、明治天皇が行幸したことで広く全国規模で周知されることとなった。天皇の行幸は大掛かりな行列（五百数十名）を構えた特別なもので（上の写真参照）、幕末で消滅した大名行列に見紛うほどのものであった。アラハバキは、天皇から特別に遇される氷川神に、尊重されるほどの神になっていたのだ。

スサノヲ神社に置き換えられたアラハバキ神社

氷川社家の系譜には、兄多毛比命《えたけひのみこと》が成務天皇五（四世紀中半）年、无邪志国造《むさしこくそう》を賜り、足立郡足立府に依拠して、氷川神の祭主となったとある。兄多毛比命は大多毛比《おおたけひ》命、兄多気比命の別名で、現在まで続く氷川神社社家の東角井《ひがしつのい》・西角井《にしつのい》両家の遠祖である。

系譜に記載された年号をそのまま信ずるかはともかくとしても、相当早い段階で国造家（国造号は大化の改新後に廃止されて国司に代えたとされているが、実際には出雲国造家を始め少なからず後々まで残っていた。役務上は国造は郡司に置き換えられたことになっている）が祭主となったことは確かであろう。

全国各地でも、古くからの国造家が主な一宮の祭主となったのと時期も含めて軌を一にしている。尾張氏（熱田神宮）や海部《あまべ》氏（籠神社《このじんじゃ》）が渡来の氏族であることも、无邪志国造家の性格を判断する材料の一助になりそうである。

なお『古事記』によれば、天之菩卑能命《あめのほひのみこと》（『日本書紀』では天穂日命）の子建比良鳥命《たけひらとりのみこと》が无邪志国造の祖とされるが、これは仮冒《かぼう》（偽称）である。天之菩卑能命も建比良鳥命も実在が確認できない神であって、出雲国造の一族であるとの設定をそれらしく粉飾するために創作したと思われる。その子孫である兄多毛比命が无邪志国造に任命されたということで、氷川神社は出雲に由来すると示唆するための材料の一つとして利用したのだろう。

勅命（天皇の命）によって国造に就任するというある種の人事がこの前後に集中するのだが、この時の国造が初代である事例はむしろ少数で、多くの場合、全国各国にはすでに国造は存在していた。国造は渡来の海人族が各地の津（港）に入植して、そこを拠点に祭祀・政治・軍事・経済それぞれの活動をおこなうために発案した統治者の名称で、ヤマト朝廷が考案した称号ではない。『日本書紀』では、天穂日命が「武蔵国造、出雲国造、上菟上国造、下菟上国造、伊自牟国造、遠江国造などの遠祖」としているが、新規に任命したこととする国造を天神の血脈であると付会したものであろう。

氷川神社境内社の門客人神社は、氷川本殿に比べれば見劣りするとはいうものの、中山神社境内社の荒脛社は、見劣りどころか一般の人の屋敷神程度に貧弱である。神道信仰は社殿の優劣で決まるものではないとはいうものの、アラハバキがかつて東国の統治者であったことを思えばいささか切ないと思うのは私ばかりか。

その後、女体社は三室に氷川女体神社として創建し、簸王子社は中氷川神社として中川に創建。大宮氷川神社は一社一座となったはずである(その後各社とも祭神が増えるのだが、明治の神祇官指令によってふたたび一社一座に戻される)。

ここで「創建」という言葉を用いているのは、おそらく私くらいのものと思われるが、氷川神社であれ他のいかなる神社であれ、社名と祭神と祭祀が変ったなら、建物だけが再利用されていても、それはもはやまったく別の神社であって、それ以前の信仰を引き継いだことにはならない。

したがって、厳密に言えば「新たな神社」になったということで、それを「創建」という。

それ以前にその地に祀られていた神は消し去られ、聖地は簒奪され、乗っ取られたというのが正確な表現であろう。社名を変更し、祭神名を変更し、祭祀を変更した、などというのは欺瞞であって、それらすべてが変更されたのであれば、それは創建である。神社によっては、旧社名を通称として容認しているところも少なくないが、それは誤りであろう。そのような行為は、以前の神に対しても、今の神に対しても失礼極まりないものだろう。

　また、創建前の時点では、境内に門客人神社はなく、荒脛巾社が鎮座していた。

　なお「延喜式神名帳」が「一座」としているのは、現在では暗黙のうちにスサノヲ神であるとされているが、その手続きが見当たらない。祭神名の最も古い記録でスサノヲ神であると確認できるのは江戸時代中期までしか遡ることができないためでもある。

　元々この地はアラハバキ神が祀られていたアラハバキ神社であったはずで（一社一座）、それをヤマト朝廷がスサノヲ神社に置き換えたと考えられる。そのやりかたこそは、ヤマト朝廷が全国で実施してきた（あるいは実施している）宗教政策の主軸である。

荒脛社（中山神社境内社）建物は覆い屋であって、社殿そのものは中の小さな祠である。

　したがって、もしこの時（九二七年）に祭神がスサノヲに置き換えられていたとすれば四座でなければ整合しないことになり、それが一座であるということはまだ元々のアラハバキ神のみの状態にあったとも考えられる。つまりこの時の「氷川神社一社に祀られていたのはアラハバキ神一座」であったのではないだろうか。

　大宮氷川神社本殿にスサノヲ、氷川女

体神社にクシナダ、中氷川神社にオオナムチ、中氷川の境内社荒脛巾社にはアラハバキというようにそれぞれ一社一座となるのはまだだいぶ後のことである（現在は荒脛巾社以外の三社はそれぞれ三神ずつ祭祀している）。

いずれにせよ、「延喜式」には「一座」とあるのみで祭神名は録されていないので推測でしかないのだが。

なお現在大宮氷川神社境内の「門客人神社」となっている社は、

一七九〇（寛政二）年の「氷川神社絵図」においては「荒脛社」であり、

一八三六（天保七）年の「江戸名所図会」においては「荒波々畿社」となっているが、

実際にはこの間（一八一〇〜一八三〇年）に刊行された『新編武蔵風土記稿』に、「氷川内記神職たりし時、出雲杵築の摂社にならい、神祇伯吉田家へ告《こく》して、門客人社と改号し」とあるところから、事務手続き上は、どちらの絵図においても門客人神社になっていなければ不自然である。一六七〇年前後にはすでに門客人神社（祭神は手摩乳命・足摩乳命）に変更されているはずで（つまりもうここにはアラハバキ神は不在であるということであるが）、その周知が徹底されていなかったということであろうか。一六七八年に、門客人神社は摂社へと格下げされ（アラハバキとはすでに無関係）、それ以後は明治元年の神仏判然令まで「一寺十三社（三座）」の神仏習合社となった。

アラハバキ格下げの謎

さて突然、荒脛巾社の社人に就任した金杉氏は、就任した直後から、姓を小室、出水、氷川と次々に変えたという。その不可解な人物像がいくつかの資料から浮かび上がってくる。

「**氷川内記**《ひかわないき》　生没年不詳　江戸時代の神官。寿能（大宮市）城主潮田出羽守の家来。初め金杉氏と称したが潮田氏滅亡後は、氷川神社の門客人社社人を望み、姓を小室、出水、さらに氷川と変える。社家となると寛文年間（一六六一〜一六七三）社僧八坊中五坊を破却。古来の**火剣祭**を延宝四年（一六七六）**清祓いの祭り**に改める。同七年、紀州家鷹場で鳥を取ったため改易され、上青木村（川口市）に追放となる。上青木の宗信寺には氷川内記のものと伝える盛清大霊神と刻んだ墓石がある。」（『埼玉人物事典』より）

内記が氷川の社人を志願した時は内記はまだ金杉氏であり、志願先は荒脛巾社であって、後に氷川内記と名を変えてから門客人社への改称をおこなったものであろうから、この記述は誤認であろうと思われる（おそらく同時に祭神変更もおこなっている）。

『新編武蔵風土記稿』には「氷川内記が、神祇伯吉田家に男体社の東にあった荒脛巾神社を出雲杵築の摂社にならい、門客人神社と改号したいと願い出た」との記載がある。（＊傍線筆者）

そもそも氷川内記は何故、宮社の改称や祭神変更、祭祀変更などをおこなったのか。彼自身の姓名変更も同時期におこなっていることと関連付けて考える必要があるだろうし、内記の一連の策謀は、その先に明確な目的があったであろうことは容易に想像がつく。そもそも主家が没落する際に、荒脛巾社の社人を志願したところから、何らかの目的が、あってのことだろうと想像がつく。

また、なぜ姓氏を短期間のうちに転々と変更したのか不明であるが（一般には短期間に名を何度も変更するというのは、それまでの履歴を糊塗するためという事例が多い）、この人物によって、氷川神社の構成から祭祀にいたるまで、翻弄玩弄《ほんろうがんろう》されたことは間違いない。しかも、その後奉祭体制は元に戻されることなく、現在に至っている。それこそが、アラハバキおよび氷川神社そのものを分かりにくくしている原因元凶である。

ところでこの件については次のような証言がある。

「大宮氷川神社が三座になった時期は不明であるが、延喜（式）神名帳には一座となっている。氷川神社は中世より一座が三座となり、中世末期永禄五年（一五六二）より延宝六年（一六七八）までは、岩井家（男体宮）、角井家（女体宮）、内倉家（簸王子宮）、出水家（門客人社）の四神主であったが、延宝七年禁制を犯した出水内記橘盛清が追放され、その後は三社三神主となり、三神主鼎立となり、内倉家が簸王子宮の本社説を主帳し、寺社奉行に提訴していたが、元禄十二年（一六九九）の裁許状により三社三神主は同格と定められた。

これを不服とした内倉修理菅原行久は再度寺社奉行に提訴したが、裁許を待たずに宝永四年（一七〇七）四十四才で病死した。」（『武蔵国と氷川神社』西角井正文）（＊傍線筆者）

内記追放後、残る三家のうち岩井、内倉の子孫も絶えたため、角井家がすべての祭主となって現代に続いている。ちなみに現在は東角井家と西角井家とに分家し、基本的に東角井家が現在の宮司職の任にあるが、右記の証言は西角井正文氏の手によるものである。埼玉県立文書館に「西角井家所蔵文書」として寄託されている氷川神社関係文書は実に四七七九点に及ぶきわめて貴重な文献であって、市の有形文化財（古文書）に指定されている。本引用はこれらの資料に準拠しているものと思われるため、事実関係の信憑性はかなり高いと思われる。

なお、この証言では追放されたのは「出水内記 橘《たちばな》盛清《もりきよ》」とされているため、論理的にはこの時点では内記は出水姓であって、氷川姓を称したのは追放後ということになる。したがって本書においても、西角井正文氏の証言に基づいて、追放される以前に内記がおこなった氷川神社関係の所業は出水内記としてのものとする（＊なお「出水」は「でみず」か「いずみ」か不明）。

内記は、最終的に氷川姓としているところから、氷川社を一体としてみずから差配する目的があったのではないかと思われる（しかも自分自身を祭主として）。外部からの新参の神官であるにもかかわらず、祭祀を変更したり、社号まで変更しようというのは、かなりな傍若無人のふるまいであろう。それからまもなく内記は禁制を犯して追放されたと記録にはあるが、四家の間でも内記の独断専行によってかなりの騒動があって、それも追放の一因だったのではないかと思われる。

「追放」については他の資料に「内紛」等別の理由も記されており、いずれにしても短期間で社号や祭祀を変更するとなれば、当然ながら他の祠職との軋轢もあったであろうから、なにかと問題のあった人物なのだろう。彼について今さらあげつらっても仕方がないが、その後の氷川神社について少なからぬ影響を残したことは間違いない。追放後に、他の祠職がなぜ内記のおこなった変更を旧に復さなかったのか私には大きな疑問が残っている。私個人としては、ぜひ元の姿に戻すことを推奨したいが、現在の姿で信仰が定まってしまっているので実行実現は困難であろう。

アラハバキを探せ

アラハバキの探求というと、まず手を付けるのが大宮氷川神社の門客人神社であるというのが相場であるとは読者はすでにお気付きのことと思うが、なにしろ「記紀」に登場しない神であるから、考古学的アプローチか、神社の伝承に頼るくらいしか他に方法がない。

大宮氷川神社の摂社である門客人神社は、江戸時代初期までは荒脛巾神社であったにもかかわらず、外部から新たに就任した内記の作為によって門客人神社へと改称された経緯をもつ。

大宮氷川神社は、少なくとも中世にはすでに四社体制（男体社、女体社、簸王子《ひおうじ》社、荒脛巾社）になっていたとされるので、その時までに千年前後継承されていた祭祀体制であるにもかかわらず、その一社を突然変えようというのだから、ただ事ではない。他の三社を担務している氷川生え抜きの神職ら三家は、よくぞ容認したものだと驚くばかりである。

改変の根拠は今にはわずかしか伝わっていないが、どの資料にも「出雲の杵築《きづき》大社に倣った」というものである。

現在の出雲大社には、廻廊八足門内の両側に摂社として「門神社（みかどのかみのやしろ、もんじんじゃ）」が本殿守護の門番神として鎮座している。

▼**門神社**（東）【祭神】宇治神

▼**門神社**（西）【祭神】久多美神

（出雲大社《いずもおおやしろ》境内社）島根県出雲市大社町杵築東（旧出雲国神門郡）

しかしご覧のように、その祭神は宇治神と久多美神の二神であって、アラハバキでもなければ、『古事記』天孫降臨段に登場する門神、櫛石窓神（くしいわまどのかみ）、豊石窓神（とよいわまどのかみ）でもない。しかも、この宇治神と久多美神は「記紀」にも記載はなく、由来もまったくわからない。「門」の一字のみは共通するが、「客人」は文字も意味も杵築大社には見当たらないのだ。

それではいったい、氷川神社の門客人神社を設定した出水内記は、杵築大社の何をもって手本としたのか。

杵築大社から海岸沿いに北西へ向かうと、六キロほど先に日御碕《ひのみさき》神社が鎮座しており、その境内社に、鳥取県・島根県では唯一の門客人神社が鎮座している。

▼門客人神社《もんのまろうど》　島根県出雲市大社町日御碕（旧出雲国神門郡）

【祭神】櫛磐窗神　豊磐窗神

ただし、「もんのまろうど」と訓読するのだが、祭神の二神も、氷川の門客人社の当初の祭神と同一なので、内記は両方を合体したのかもしれない。とにかく社名も祭神も変えることさえできれば良かったのだと思われる。内記が当初から荒脛巾社の社人を望んだのはこれが目的であったのではないだろうか。

アラハバキ神を氷川の「門番」にする必要はないし、また門番にアラハバキ神がなるのは道理としても不自然である。アラハバキはもともとの地主神であって、氷川神と同格である。それを門客人神とするなら一種の「格下げ」である。そこで内記は、日御碕そのままに櫛磐窗神、豊磐窗神を祭神とする門客人社に変更し、その後間もなくその祭神も理屈をつけて足摩乳命・手摩乳命とした。つまり、アラハバキ神をここから完全に消したのである。

では荒脛巾社およびアラハバキ神はどこへ行ったのかというと、すでに述べたように中川の御火塚《みひづか》に創建した。その後まもなく内記が追放されたのを機に、中川の荒脛巾社は新たに中川に遷された簸王子社に鎮座地を譲り、その境内摂社となった。以後、現在に至るまで変わっていない。

簸《ひ》王子社の謎

元々の氷川神社、すなわち社号が氷川となる以前の宮は、怨霊神アラハバキを封じるために（御霊鎮め・鎮魂のために）創建された宮であると、私は考えている。

出水内記は、荒脛巾社の神職になってまもなくそれに気付いたか、あるいはそのことをすでに知っていたから志願したのかはともかくも、祠職に就任してからの彼が承知していたことは確かであろう。それが彼の奇妙な動きと破滅を暗示しているように思えてならない。

一連の経緯からも注目すべきは簸王子社で、祭主であった内倉家は「簸王子社が本社である」との説を主張したのも根拠あってのことであろうし、だからこそ繰り返し寺社奉行に提訴していたのだが、裁許を待たずに病死したことで三社同格のことになったものである。

その後、男体社は氷川神社、女体社は氷川女体神社、簸王子社は中山神社（中氷川神社）になり、現在に至っている。

なお、社名の「氷川」が出雲の「簸川《ひかわ》」（現・斐伊川《ひいかわ》）に由来するという説が定説のようになっているが、本書はこれを採らない。

そもそも出雲の杵築大社（出雲大社）は、地図を見れば一目瞭然であるが斐伊川とは無関係であって、神戸《かんど》（神門《かんど》）川の河口にあるのだ。杵築《きつき》の元宮である神魂《かもす》神社もまったく無関係である。つまり、氷川の名称の由来を、出雲の斐伊川に求めるのはかなり無理があるということである。

私の解釈は「ひ」は「火」であると結論する。

よって、氷川神社は「火河神社」、簸王子社は「火王子社」が本来の意味表記であろう。簸王子社の中心祭祀は鎮火祭であり、境内に御火塚《みひづか》を祀ることからも「火」に深い関わりのあることは疑う余地がない。

「王子」は本宮のスサノヲ、女体宮のクシナダに対して当社祭神のオオナムチが子に当たることから称されたものであろうが、もともとの「本社」が正しいだろう。記録にあるように、氷川神社は、仮宮を挟んで西側に男体宮、東側に女体宮、そして南側中央に「本社」が鎮座するという構造であった。仮宮、男体社、女体社、本社にはそれぞれいかなる神が祀られていたのか記録はない。いかなる説も、未来の記録から過去の素顔を推し量るものにすぎない。

▼中山神社（別名　中氷川《なかひかわ》神社・簸王子社）埼玉県大宮市中川

【祭神】稲田姫命　素盞嗚命　大己貴命　（合祀）菅原道眞　譽田別命　倉稲魂命　建御名方命
下照姫命　市杵嶋姫命　湍津姫命　田霧姫命　大日孁貴命　天照大御神　大山祇命　國常立命
天御中主命　菊理姫命

▼荒脛《あらはばき》神社（中山神社の境内摂社）所在地は右に同じ

【祭神】荒脛《あらはばき》神

中山社は右のように祭神を列挙しているが、最も古い伝承によれば元々は火軻遇突智《ひのかぐつち》神のみを祀るものである。この神は「火の神」であり、『古事記』では火之迦具土《かぐつち》、『日本書紀』では軻遇突智《かぐつち》、または火産霊《ほむすび》と表記される。アラハバキの御霊を、最終的に中山神社へ持ってきたのは根拠があってのことで、この地は古くに御火塚として祀られた古代の聖地で、その後人々がこの地でおこなった鎮火祭は、赤松の枝を十数本集めて燃やし、その燃え滓を踏み潰して鎮火するという儀式を長年実施してきたものだ。すなわち荒脛巾社となる以前からここは地元の聖地であった。明治以降、現在に至るまで境内に摂社として荒脛《あらはばき》神社を祀っているが、それ以前の江戸時代初期から明治初年まではここが荒脛巾社であったのだ。

ヤマトは、アラハバキの後を追うように、大宮高鼻《たかはな》を奪い、中川を奪ったのだ。

当社は冬至の際に本宮（男体社）と女体社を日の出のラインが一直線につなぐ時、（必然か偶然かはともかく）そのライン上の真ん中に位置する。神社の高台から眺める湿原が、冬至の朝日に照り輝く様子は、さながら巨大な炎が大地を這うかのような光景であったのかもしれない。

なお、アラハバキ神が「火」に所縁《ゆかり》のある神であろうと考えるのは、次に示すいくつかの神社の祭祀状況からも推察される。

▼荒祖《あらはばき》神社　福島県会津若松市町北町大字中沢字平沢

【祭神】金山比古命　金山比賣命

▼金峰《きんぽう》神社　秋田県横手市雄物川町大沢字上法寺

【祭神】金山毘古神　金山毘賣神　**荒羽々岐神《あらはばきのかみ》**　安閑天皇

ともに祀られている金山毘古神・金山毘賣神は製鉄の神である。神産み神話で、イザナミが火の神カグツチを産んだためにホトを火傷《やけど》し、苦しんでいる時に吐いた嘔吐《たぐり》物から化生した神である。

銅や鉄などの金属を溶融した状態や、火山の溶岩が流れ出る状態が、嘔吐物に似ていることからの連想ともされるが、神名自体に「金」が用いられていることから、意味は後付けではなく当初からのものであろうと考えられる。

▼荒羽祇《あらはぎ》神社（通称　ららはぎの観音様）秋田県仙北郡美郷町安城寺字柳原

【祭神】火産靈神《ほむすびのかみ》

こちらは文字通り、火の神である。火産霊《ほむすび》とは、火を産み出すとの意味を体現する神名であり、軻《か》遇突智《ぐつち》の別名でもある。金属の神と、火の神との複合は、たたらの火、すなわち「製鉄」を導き出す。

通説にしたがってアラハバキが個人名だと考えるならば、その独特の音感（類似の名前は他に例を見ない／サンスクリット語に通じるとの説もある）から、様々なイメージが生まれることになるだろう。そのために多様な空想が流布することになった。しかしこれは個人名ではないのだ。組み合わせが生んだ誤解である。

日本語の基本構造から解体すると、「アラ」＋「ハバキ」であるから、「アラ」は荒、新などの冠詞であって、「ハバキ」に意味が込められていると考えるのが通例である。

そして猟師（マタギ、マトギ）が用いる脛当《すねあ》てを東北地方では「ハバキ」と称するところから、これを語源とするのがこれも通説となっている。別の漢字で表すならば、さしずめ「羽履き」であろうか。アラハバキに荒脛巾と「脛」の字が当てられているのはそういった解釈が古くからおこなわれていたことを示しているだろう。

ちなみに「脛巾」と書いて「ハバキ」とは読めない。

漢音であれば「ケイ・キン」、和訓であれば「ハギ・キレ」か「スネ・キレ」となる。つまり根拠なき当て字である。他の漢字表記も大同小異であって、あらかじめ思い込みがあって、それらしき漢字を借りたにすぎないということであろう。漢字の知識も、万葉仮名の知識もともに不十分な者がそれぞれ勝手に付けたものであろう。歴史的語彙の当て字には、当てた人物の主観が反映されるため、アラハバキの当て字のほとんどは論ずるに値しないということになる。

しかも脛当てが神として崇められるという理屈には説得力がない。狩猟にはいくつかの道具が必要であるが、もし神霊の依り代として選ぶならば、優先順位の上位は鏃《やじり》や刃物、弓矢になるはずで、脛当ては下位になるだろう。

しかし、もしアラハバキが刃物の名前であるとするなら、その体現するところの漢字表記は、既存の表記のいくつかに見られるような、「荒」＋「羽々」＋「岐」は、実は的確な表現であるやもしれない。さしずめ十文字槍の穂先か、七支刀《しちしとう》の先端部分のような形態の、二又に分岐した刃物を指すのではないか。刃先が鳥の羽のように羽ばたくとの連想から名付けたものであるだろう。であるとすれば、まさに「依り代としての剣」の名称にふさわしいということになる。

ちなみにイザナギがカグツチ（火の神）を斬り殺した剣の別名は天之尾羽張《あめのおはばり》、または伊都之尾羽張《いつのおはばり》という。これも鳥の尾羽のように刃が張っている剣という意味であろう。

なお金偏に祖と記す「鎺《はばき》」説もあるのだが、こちらはむしろ後世に生まれた用語であるから、アラハバキが製鉄に関わる神であったことから、刀剣の要ともいうべき部分を指して「神」と称したのが語源ではないかと考えている。つまり成り立ちが逆である。「鎺」という文字は漢字ではなく国字であるのも、そういった歴史的由来を想像させる。

話を戻そう。スサノヲの活躍した時代には死後の栄華を夢見て壮大な墳墓が築造された。秦始皇帝陵は地下に水銀の海を作り、豪奢な玄室をその中央に置いた。その数百年後にはヤマトでも、前方後円墳を代表とする様々な巨大古墳が築造された。葬儀の様式は突然変わるものではなく、多少の変化は加えつつも、基本的にはその様式は継承される。墓地墓陵の様式においても同様である。

ところがわが国においては、それがある時期に劇的に変化した。それが古墳時代の始まりと終焉である。とくに統治者およびその関係者の墓陵は、突然変異とも言えるほどに一変した。それが世界的にも稀有な大規模墳墓の出現である。古墳時代は三世紀中頃から始まり、七世紀中頃までの四〇〇年ほどであった。その間に、実に十六万基にも及ぶ大規模古墳が日本全国に築造されている。コンビニエンスストアの店舗総数が約五万七千軒（二〇二四年度推計）であり、日本の人口も六百万人程度（現在の東京都の半分程度）で、しかも当時は建設用の重機などは存在しないのだ。いかに凄まじい勢いで建設されたことかご想像いただけよう。

縄文時代　紀元前一万四千年頃〜紀元前十世紀頃
弥生時代　紀元前十世紀頃〜紀元後三世紀中頃
古墳時代（ヤマト時代）三世紀中頃〜七世紀頃
飛鳥時代　五九二年〜七一〇年

わが国の時代区分を定説に従って遡ると右のようになるのだが、葬儀墳墓の様式では縄文時代から弥生時代に移っても、さほど大きな変化はない。つまり縄文人と弥生人は文化的に連続あるいは継続していたと考えられる。

ところが、弥生時代末から古墳時代は、さながら民族的な断絶があったかの如く、墓制にこのような劇的な変化があったのだ。少なくとも、支配層の墓制には、それまでほとんど見られなかったような根本的な変化があったということである。

ちなみに本章に示したいくつかのアラハバキ神社のいくつかは、「アラハバキの墓」であろうと私は考えている。アラハバキは特定の人物を指すものではなく、地域の族長か首長といった立場の者による連合体の代表者であって、その者を象徴的にこの名称で呼んだのではないかと考えられる。なぜならば、個人の寿命よりはるかに長い期間にわたって使用された形跡があるからだ。いわば、アラハバキは、連合体の代表者を務めた族長首長の代名詞でもあったのだろう。そして最終的には海人族全体の守護神の名となった。アラハバキ神社の特に古いものは、それぞれの墓として祀られ、子孫を守護するものとして信仰されていたのではないかと私は推測する。当時の集落が限られた規模であったことからのものである。ただし、本来の形態形式がそのままであった訳ではなく、後に改葬されてヤマト方式の神社となったものであるだろう。ヤマトの神々は巨大な墳墓に埋葬されたが、それ以前の神々は、思いのほか質素な墓に埋葬されているので、その素性もおおよそ見当がつく。

東国王権の終焉

アラハバキは西国ヤマトに対する、東国の統治者であった。

そして、最後のアラハバキの対抗者は、時代から考えてイワレヒコではなく、スサノヲであるだろう。それはヤマト草創期であって、実年代であれば三世紀後半の弥生時代末から古墳時代初にかけての時代であったと推定される。

▼蝦夷国（東国）＝統治者・阿良波々岐《あらはばき》（大国造《おおいなるくにのみやつこ》）

▼ヤマト国（西国）＝統治者・須佐之男命（大王《おおきみ》）

これが当時の対置関係であろう。

東国は蝦夷《えぞ》や日高見《ひだかみ》など、時代によっていくつかの呼び名が存在しており、ヤマトとの国境も思いのほか変遷している。しかも東国は、東国という一つの国号が存在するわけではなく、出羽国や陸奥国、常陸国、上野国、下野国、武蔵国、その他のいくつかの国々の連合体であって、時代によっても数や規模に異同がある。

端的な例は、信濃諏訪一帯の所属であろう。諏訪のタケミナカタ神が『古事記』に登場するのは、オオクニヌシがヤマトへの国譲りをする際の場面のみであるが、この時の唐突な登場と敗走の次第こそは、信濃諏訪一帯がそれ以前にはヤマトに所属していなかったが、このときのタケミナカタの敗北によってこれ以後はヤマトに編入されたということの比喩描写であろう。

そして同時に、『古事記』にアラハバキが登場しないということは、この時点（七一二年）ではまだアラハバキが統括する東国の甲斐・相模・伊豆より東の地域はヤマトに服属していないということでもあるだろう（＊『日本書紀』にはアラハバキ、タケミナカタの両者とも不記載のため、七二〇年になっても、両者とも公式には服属していないと解釈できる）。

ただ、東国・アラハバキ政権の終焉ははっきりしていて、氷川神社（現・さいたま市）が創建された時、その地の祭神がアラハバキからスサノヲに変わった時である。もともとこの地にはアラハバキの政庁（王宮）があって、死後はその地にアラハバキが祀られたはずで、ヤマトはその上に被せるように氷川神社を建設した。そして元の神であるアラハバキは御霊神としてスサノヲの傍らに祀った（霊的管理下に置いた）。

つまり、大宮氷川神社の創建は七二〇年以降ということであり、アラハバキはそのしばらく前に征討されたということになる。そしてそれが政権としての東国の終焉である。個別の叛乱や独立政権等は散発的に発生することになるが、「東国」総体としての政権はそれ以後二度と成立することはなかった。

氷川神社の起源とアラハバキ

そもそも神社建築の発生は五三八年以後のことである。理由は明快で、仏教の公式伝来が五三八年であるからだ。むろんそれ以前から神道信仰そのものは全国に存在しているが、神社建築は存在しない。当初は山を尊ぶこと、いわゆる山岳信仰が最も古く、縄文時代の初頭から連綿と続いている。

また、古来散発的に渡来して全国各地に定住した海人族《あまぞく》によって、各地の津（港）を拠点に海の神（海津神《あまつかみ》、天つ神《あまかみ》）などが祀られて信仰されるようになっていた。それが一宮の起源である。

そんな状況の中に仏教が公式に伝来し、国家の庇護を受けて急速に広まるようになる。そして、広めるための教化活動の拠点として、各地に仏像を安置した寺院が陸続と建設されることになる。

これまで戦略的な教化活動をおこなわず、大規模な拝礼施設を持たなかった神道系の人々にとって、仏教のこういった戦略は想像もしたことのない脅威であった。国家の支援を受けて、当時としてはきわめて珍しい建築様式である彩色された柱に支えられた瓦屋根の巨大な建築が次々と造られた。

丹楹粉壁《たんえいふんぺき》（赤い円柱に白い壁に蒼い瓦）、銀色の瓦屋根に金色の鴟尾《しび》が輝く仏堂伽藍の姿は神々しく、物珍しい読経の響きにも誘われて、殿上人《てんじょうびと》から民衆に至るまで行列を成すほどであった。

神道人は、おおいに対抗心を燃やして、寺院を真似て神道の礼拝所を建築することとなる。これが神社の発生である。それまで小さな祠《ほこら》はすでにあちこちに存在していたが、しょせんは人家のミニチュアであって、寺院のように集団で拝礼する場所も、拝礼する対象となる偶像（神像）もなく、祝詞《のりと》の原型であるなにがしかの文言がいくたりかあるばかりであったので、神社を建築することによって、ここに神道は劇的な進化を遂げることとなる。すなわち神社建築の発生は、どんなに早くても五三八年以後ということになるわけである。

本書が、アラハバキおよび東国政権の終焉から書き起こすのは、おおよそなりとも「年代」を明らかにするためである。つまり、その終焉が八世紀後半であるならば、アラハバキは縄文時代の者でないばかりか、弥生時代の者でさえないということなのだ。私見であるが、時代でいうならば弥生時代の末期か、古墳時代の初頭であろうと、私は推測している。

大宮氷川神社は、もともとこの地に地主神としてアラハバキが祀られていたところへ、スサノヲを祭神とする氷川神社を建設して、聖地を簒奪したことに始まったと、私は考えている。そして、そのすぐ脇にアラハバキを遷移して荒脛巾神社を建設したものである。歴史的にはかなり古い時期であろうと思われるが、それでも右に示した通り、それが五三八年より以前ということはないだろう。なにしろ礼拝所として真似るべき社殿のお手本がまだ存在しないのだから。

したがって、「氷川女体神社」も「中山神社」もそれ以後の建設ということになるだろう。

ただし、巻末年表にも明記しているように、両社にはその前身がある。それは「女体宮《にょたいみや》」であり

「御火塚《みひづか》」である。

しかもその当時には女体宮（氷川女体神社の旧称）は「**御船祭**《みふねまつり》」を催しており、御火塚（中山神社の位置にあったか？）は「**鎮火祭**《ひしずめのまつり》」を催している。

ちなみに、荒脛巾社（大宮氷川神社の位置に鎮座）は、一六七六（延宝四）年に清め祓いの祭に変えられるまで「**火剣祭**《ひつるぎのまつり》」を催している。

「**御船祭**」、「**鎮火祭**」、「**火剣祭**」……氷川三社はその前身がすでに鎮座していたと思われる縄文時代後期から弥生時代初期の頃に、この三種の祭りをおこなっていたというのはきわめて重要な意味を持っている。それについての詳細は、第二章以降で述べる。

中山神社拝殿前に鎮座する御火塚

ヤマト朝廷がこの地を選んで氷川神社を創建したということは、関東においてこの地こそが宗教的な中心地であると認識していたからであろう（政策的にはその後間もなく、府中に国府と大国魂神社を設けている）。
そしてその根拠こそが、アラハバキにあったことによるだろう。
他のアラハバキ神社や門客人神社を氷川創建の候補地としなかったの

は、高鼻の地に祀られていたアラハバキ神社こそがアラハバキ神社の本宮であると広く知れわたっていたと考えられるからである。

以下は現存する**アラハバキ神社**（＊神社本庁登録のみ）

▼**荒羽祇神社（あらはぎ）**（通称　ららはぎの観音様）
秋田県仙北郡千畑町安城寺字柳原（旧出羽‐羽後‐国　仙北郡）
【祭神】火産靈神《ほむすびのかみ》

▼**荒脛巾神社（あらはばき）**
福島県会津若松市湊町大字赤井字赤井（旧陸奥‐岩代‐国　会津郡）
【祭神】鹽椎　神《しおつちのかみ》

▼**荒祖神社（あらはばき）**
福島県会津若松市町北町大字中沢字平沢（旧陸奥‐岩代‐国　会津郡）
【祭神】金山比古命　金山比賣命

▼**荒波々伎神社（あらはばき）**（二宮神社境内社）
東京都あきる野市二宮（旧武蔵国多摩郡）
【祭神】櫛磐窗命《くしいわまどのみこと》

▼**荒羽々気神社（あらはばき）**（砥鹿《とが》神社境内社）
愛知県豊川市一宮町西垣内（旧三河国宝飯郡）
【祭神】大己貴命　荒魂《おおなむちのみことのあらみたま》

会津若松市平沢の荒祖神社

会津若松市赤井の荒脛巾神社

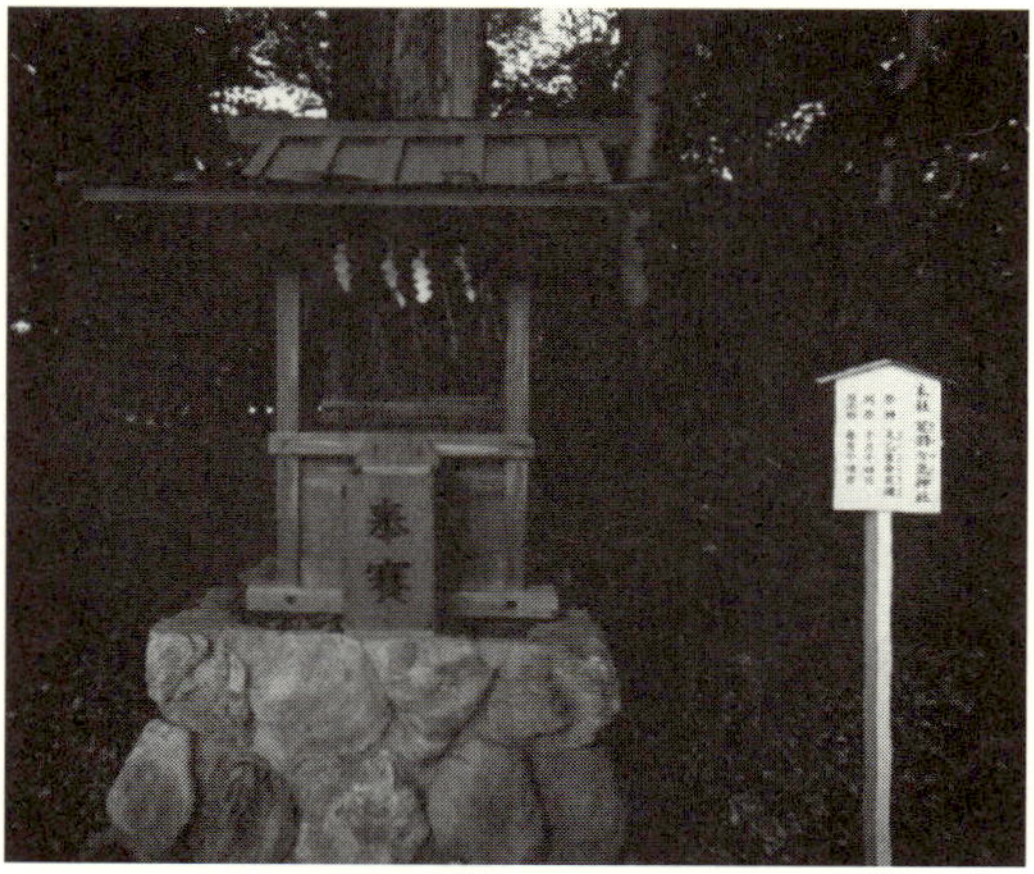

荒羽々気神社（砥鹿神社境内社）

各社の祭神名はまちまちであるが、それがむしろ重要な情報を示唆している。

「火産靈神《ほむすびのかみ》」とあるのは、この神社がアラハバキ社の中でも最も古い起源を持つことを示している。

「鹽椎神《しおつちのかみ》」とあるのは、この神社が海人族の信仰対象であることを示している。

「金山比古命　金山比賣命」とあるのは、この神社が「製鉄」に関わり深いことを示している。

「櫛磐窗命《くしいわまどのみこと》」とあるのは、この神社はアラハバキ神社がまだ男体社の東側に鎮座していた時に勧請されたことを示している。

「大己貴命《おおなむちのみこと》 荒魂《のあらみたま》」とあるのは、アラハバキ社が中氷川神社として遷宮されてからの勧請であることを示している。


しかし実は、神社本庁に未登録のアラハバキ神社や、もとはアラハバキ神社であったが別の名称に変えられたもの、地名として残っているが実態のないものなどは、この何倍もの数に及ぶ。アラハバキは最後までまつろわぬもの（ヤマトの支配下に属さないもの）であったので、当然といえば当然であるが、はっきりしているのは「延喜式神名帳」（九二七年完成）に記載されている神社は、官幣社が五七三社・七三七座、国幣社が二二八八社・二三九五座であるが、あくまでもこれは官社（公営）であって、民社は含まれない。この当時の民社の正確な統計は存在しないが、「風土記」その他を参照するかぎりでも、官社（＊式内社＝「延喜式」に記載の神社）の数倍にもなると推定される。

以下に一部を例示する（なお境内社、境内末社、末社等表示が異なるのはそれぞれの神社表記に従っているためである）。

▼荒脛巾神社（岩出山）宮城県大崎市岩出山下一栗荒脛巾

【祭神】天の神　地の神　水の神

▼**荒脛巾神社**（別名・阿良波々岐明神社／塩竈神社末社）宮城県多賀城市市川伊保石

【祭神】荒脛巾神

▼**荒脛《あらはばき》　神社**（中山神社境内社）埼玉県さいたま市見沼区中川（＊『新編武蔵風土記稿』所載）

【祭神】荒脛巾神

▼**荒波々伎神社**（二宮神社境内社）東京都あきる野市二宮（旧武蔵国多磨郡）

【祭神】櫛磐窗命《くしいわまどのみこと》

▼**愛宕《あたご》神社**　東京都西多摩郡奥多摩町氷川

【祭神】火産靈神　鹽土翁神　足名椎神　手名椎神　阿羅波婆岐神（＊合祀による）

▼**荒波々喜社**（羽《は》盡《ぞう》神社境内末社）埼玉県川口市芝（＊『新編武蔵風土記稿』所載）

【祭神】荒波々喜神

▼**荒脛社《あらはばきしや》**（氷川諏訪神社末社）埼玉県桶川市小針領家（＊『新編武蔵風土記稿』所載）

【祭神】荒脛神

▼**荒脛社《あらはばきしや》**（小針神社末社）埼玉県北足立郡伊奈町本町（＊『新編武蔵風土記稿』所載）

【祭神】荒脛神

▼**阿《あ》羅《ら》波《は》婆《ば》枳《き》神社**（小野神社境内末社）神奈川県厚木市小野（＊『新編武蔵風土記稿』所載）

【祭神】阿羅波婆枳神

▼**荒波《あらは》婆《ば》岐《き》社**（石座神社末社）愛知県新城市大宮字狐塚

【祭神】荒波婆岐神

東国支配の推移

大国魂神社（東京都府中市）がある時期に武蔵国一宮であった。

ただし、それより以前は氷川神社（さいたま市大宮）が武蔵国一宮であって、府中に国府が設置されたのと同時に大国魂神社も一宮と定められたが、国府が現実的な統治機能を失う頃から、ふたたび氷川神社が一宮とみなされるようになり、以後はそのまま明治の官国弊社制度が確立されるまで公的認知は変わることがなかった。

なお大国魂神社は数少ない「北向き神社」の一つであるところから、府中が国府となる以前は蝦夷の社であって、まったく別の神を祀っていたのではないかとも考えられる。

▼**大國魂《おおくにたま》神社**（通称：明神、六所さま、六所宮、武蔵国総社）東京都府中市宮町

【祭神】

（主神）大國魂大神

（配祀）御靈大神　天下春命　瀬織津比咩命　倉稲魂命　國常立尊　須佐之男命　稲田姫命　大己貴命　八意思金命　知知夫彦命　天之御中主神　天照大神　素戔嗚尊　日本武尊　五十猛命　大日孁貴命　太田命

武蔵国の総社として、創建時より武蔵国一之宮から六之宮まで（通称：武州六社明神）を以下のように境内に祀る。きわめて政治的な構成である。

中殿
大國魂大神《おおくにたまのおおかみ》－主祭神。大国主神と同神とされる。
御霊大神《ごりょうおおかみ》
国内諸神
東殿
一之宮：小野大神－小野神社（東京都多摩市）
二之宮：小河大神－二宮神社（東京都あきる野市）
三之宮：氷川大神－氷川神社（埼玉県さいたま市大宮区）
西殿
四之宮：秩父大神－秩父神社（埼玉県秩父市番場町）
五之宮：金佐奈大神－金鑽神社（埼玉県児玉郡神川町）
六之宮：杉山大神－杉山神社（神奈川県横浜市緑区）

創立の初期には、創建日の五月五日に武蔵国中の神職が集まり祈禱をおこなったという。（『神道事典』大国魂神社参照）

氷川神社と武蔵氏の変遷

「ムサシ」の表記は当初は「胸刺」、次いで「无邪志」、最終的に「武蔵」と変遷している。

七一二（和銅六）年五月二日、地名改正により无邪志を武蔵に改める。

七六六（天平神護二）年七月二十四日、孝謙天皇より氷川神社へ神戸《かんべ》三戸の寄進。これが氷川神社

巨大なご神木に左右を守られるようにたたずむ大国魂神社

が史書に見える最古の記録である。

七六七（神護景雲一）年十二月六日、丈部直《はせつかべのあたい》不破麻呂《ふわまろ》が、藤原仲麻呂の乱（恵美押勝の乱）平定の功により武蔵宿禰の姓を賜り、武蔵宿禰不破麻呂となる。同年同月八日、不破麻呂が武蔵国造に任命される。

しかしながら実態は郡領のない名目の国造で、不破麻呂は京の武官を務め続け、現地はもとの国造が郡司としてそのまま宰領していたと思われる。不破麻呂が現地へ赴き、旧国造一族を従えて実際に宰領するようになるのはまだ先のことであるが、武蔵氏は丈部直当時から京では有力な武官であったようだ。

なお、『続日本紀』には、丈部直不破麻呂は无邪志国造の末裔であるかのように記されているので、そうだとすれば家祖伝来の武蔵国造に復権したことになるのだが、それについては後述する。

氷川角井氏（現宮司家である東角井、西角井両家の家祖）の祖とされる兄多毛比命は「エタケヒ」と訓読し、「大伴武日」の別名と推定される。ヤマト朝廷から任命された初代の武蔵国造である（それまでの海人族国造は「无邪志」であるから、これ以後は「武蔵」と称す）。それからまもなく国府が設けられ、国司が任命されて国造制は廃止される。すでに述べたとおり「国造」は海人族が考案して各国の統治者として使い始めた称号であるから、ヤマト朝廷は国造に代えて「国司」という称号を新たに設置し、国造は郡司に格下げした。

ちなみに『日本書紀』は当然だが、『古事記』の編纂にも、漢字文化圏の渡来人、正しくは渡来系の吏員が関与していたことは疑うべくもないことで、とくに表記するために和音を当てはめる漢字の選択には必ず関わっていたことだろう。

さてそこで、兄多毛比を万葉仮名の発音で訓読すると「毛」は「も」となるため、「エタモヒ」とならなければならない。しかし右に記したように大伴武日の別名であるならば、毛をケと発音する漢音を採用しているところから、漢字を漢音で使用することが始まっていたということになる。すると、この別名が国造として赴任した年代が六世紀頃と推定されることになる。

大宮氷川神社の創建は、『日本書紀』に従えば第五代孝昭天皇三年ということになるが、この紀年には現在私たちが採用している紀年法は当てはまらないことは周知であろう。

そこで、現行の西暦に置き換える論理や証左が必要になるわけであるが、なかなかそれらは都合よく整わない。ところが、この「毛」の使用法から兄多毛比の名の成立年の見当がつくことになる。しかも彼こそが氷川神社の創建者であるから、氷川神社の創建年代もおおよそ五五〇年前後と推定されることになる。

兄多毛比が公式に武蔵国造に就任して祭祀権を掌握する。この時に荒脛巾神社から氷川神社へと社号を変更し、祭神も荒脛巾神からスサノヲ神に変更したか。であるならば、これが実質的な氷川神社の創建であるということになるだろう。

氷川社記には「今から凡《およ》そ二千有余年第五代孝昭天皇の御代三年四月未の日の御創立」とあるが、「国造本紀」によると、初代无邪志国造の兄多毛比命は成務天皇（第十三代天皇）の時代に出雲族をひきつれてこの地に移住し、祖神を祀ったとある。これが「延喜式神名帳」に記載の氷川神社の始まりということになる。

「延喜式神名帳」（九二七年成立／最古の官社《かんしや》一覧）には「一座」とある。

「武蔵国四十四座（大二座・小四十二座）
↓足立郡四座（大一座・小三座）
↓氷川神社（名神大）」

すなわち、氷川神社は大社二社の筆頭であり、その祭神は一座のみであると明記されている。

現在の氷川神社には須佐之男命《すさのをのみこと》、稲田姫命《いなだひめのみこと》、大己貴命《おおなむちのみこと》の三神が祀られているが、それが確認できる最も古い記録は一八三三年（天保四年）のもので、当時の神主・角井惟臣《つのいこれおみ》が著した『氷川大宮縁起』である。これが、「氷川神社の主祭神がスサノオである」という最も古い記録で、それ以前の祭神名は厳密には不明である。

が、成り行きから考えて「延喜式」の時にはスサノヲ神になっていたとも考えられるが、元々の社祠に祀られていたアラハバキ神を信仰するアラハバキ信仰は東国人（蝦夷人、海人族）の間には依然として浸透していたと考えるのが妥当であろう。信仰対象の神が変わったと広く人々に認知されるようになるのはまだだいぶ後のことと思われる。

なお「ひかわ」はおそらく元は別の文字であって、祭神が差し替えられて後のいつか（『延喜式』成立の以前）に「氷川」と改められたものだろう。元々の名は文字のない呼び名のみの「ひかわ」であって、もし仮にその意味するところを漢字に置き換えるならば、「火河」なのか「緋川」なのか、「干皮」なのか確認のしようもないが、その訓読だけは引き継がれたものということであるだろう。

南北朝時代（一三三七〜一三九二）に成立したとされている『神道集』巻第三「武蔵六所大明神事」には、

「三の宮をば火河大明神と申す」

とある。根拠は不明であるが、氷川神社を「三の宮」としているところから、府中に国府が設置されて国司が任命され、同地の大国魂神社を「一宮」とした時点以後の記録であるから六四五（大化元）年のことと考えられる。この時に「武蔵六所大明神」が認定され、以下のように記録された。

一宮は小野大明神、本地は文殊菩薩である。
二宮は小河大明神、本地は薬師如来である。
三宮は**火河大明神**、本地は観音菩薩である。
四宮は秩父大菩薩、本地は毘沙門天王である。
五宮は金鑽大明神、本地は弥勒菩薩である。
六宮は椙山大明神、本地は大聖不動明王である。

新たな社号の「氷川」は、アラハバキ神が「火河の神」と通称呼称されていたのに対抗して、スサノヲ神に替わったのを機に火から氷に代えたものか。

氷川神社はこの時までは「武蔵国一宮《いちのみや》」であって、国府開府とともに国司によって三宮とされるが、室町時代後半に編纂された『大日本国一宮記』は氷川神社を一宮としたことから、それ以後は小野神社に替わって氷川神社が一宮とされたという説がある。現在では、大国魂神社において例大祭の祭儀には氷川神社の神職が「三宮」として参加しているが、当の氷川神社では「一宮」と称している。歴史的な事実は尊重した上で、通史的には氷川神社こそが一宮であるということであるだろう。そしてみずからの拠点としてこの地を最初に選んだ者こそはアラハバキである。「氷」の文字は、国府を設置し、大国魂神社を一宮とした際に、ヤマトが意図的に与えた卑字であろう。『神道集』の「火河」は、格下げされて三宮となってもその実態は変わらないという東国の人々の強い意志がうかがわれる。「氷」とは真逆の「火」には、アラハバキおよび東国にとっては特別な意味があるのだ。

第二章　「アラハバキ」という呼び名の真相

唯一の手がかり

ヤマト朝廷の西日本統治に対して、東日本を統治していたのはアラハバキであったとされる。アラハバキという存在は、当時この国の半分を治下におく「王権」であった。後々には阿弖流為《アテルイ》や安倍貞任《さだとう》・宗任《むねとう》、平将門、奥州藤原などが出現して、それぞれそれなりの国を建てるが、いずれも限られた地域・期間であって、アラハバキの王権とは比較にならない。ただし、それはすべて推測である。事跡の記録もなければ、その身の実在の証となる物証もない。これらを滅失させたのはヤマトであろう。

しかし、それでもただ一つ存在するのは「アラハバキ」という呼び名である。漢字では荒脛巾、荒覇吐、荒吐、阿良波々岐等々と記されているが、当時の文献が残っているわけではなく、「記紀」や『万葉集』に記載があるわけでもない。つまり、arahabakiという口伝えがあって、後世の人間がその時々で適当な漢字を充てたということである。当然ながら充てた人物の主観がそこには反映されたであろうし、思い込みもあれば、正確な情報もあったかもしれない。しかしいずれにせよ、確証はない。アラハバキについて具体的にわかっていることはほとんどないというのが実情である。むろん『東日流外三郡誌《つがるそとさんぐんし》』に記されていることは、作者が近年になってから捏造創作した虚言であって何の確証もない。

それでも、神社名と祭神名として伝えられている事例は各地にあるので、古くから信仰されてきたことはまぎれもないが、ここにおいても文字は後付けである。共通しているのは「アラハバキ」という発音のみである。

果たして何者なのか。そもそも「アラハバキ」という呼称は、何を表しているのか。本章はその意味を解き明かすことで、実態・正体に肉迫しようという試みである。

これまでその意味が不明でありながら、なぜかアラハバキは個人名であって、脛巾《はばき》（脛当て）に体現され象徴される人物であると多くの人が思い込んでいる。そのため、狩猟技術（弓など）に優れた縄文人で、勇猛かつリーダーシップを持つ者で、反権力（反ヤマト）の王であるかのようなイメージにとらえられているようだ。後世の東北の反朝廷の英雄たち、阿弖流為や安倍貞任と相似形である。歴史的に長年月にわたって虐げられてきた東北人の怨念が込められているのだろう。

さてそこで、アラハバキという呼称を解釈するための第一歩は、「脛当《すねあ》て」に関連付けたもので、狩猟、製鉄、足の神などであるが、これはたまたまハバキ（脛当て）という同じ発音の語彙が東北地方に存在していたことで、単純連想に発しているに過ぎない。わかりやすい連想であるところから、各地のアラハバキ神社等においても採用しているところがほとんどで、この固定観念を覆すのは容易ではないだろう。

アラハバキという呼称と、脛当てのハバキとを関連付ける必然性は発音以外に存在しないのだが、後付けの主観で産鉄民族と関連付けたり、狩猟や騎馬と関連付けたりしているが、地域的に無関係ではないという程度のものであって、それをもって称号尊号とするほどの濃厚なつながりは具体的には見出だすことはできない。各説の論拠になっているものは、例外なく後付けのものであって、考古学的なものさえ「呼び名以外は」何一つ発見されていないのが現実である。

しかし、この唯一無二の手掛かりである「呼び名」には想像以上の手応えが包含されているのだ。本章は、それを徹底的に解析してみようと思っている。


荒脛巾という当て字（および解釈）があまりにも広まってしまったために、もはや誰も疑わないような状況になっていて、様々な「事典」や「小説」等においてはそれが絶対的な前提条件のようになってしまっているのだが、それをこそまず疑わなければならない。ハバキが「脛当て」の意味であるなどといったい何時《いつ》誰が保証したのであろうか。ちなみに私は出会った当初から馬鹿馬鹿しいこじつけだと思っていた。

そもそも神上がりした英傑の尊称として使用される名詞は、主に刀剣や山岳、星辰《せいしん》（太陽や北極星など）、または雄々しい意味をともなう語彙といった、ある種の超越的なものに限られており、これに対して、ごく普通のありふれたものや語彙は尊称や神名に用いられることは稀有である（特別な独自の由来がある場合は例外として少数存在する。たとえば形見の品など。むろんアラハバキに脛当ての形見など残っていないし、残されていたというような伝承もまったくない）。

そもそも東国にヤマト系の文化、とりわけ漢字の音による表記法である万葉仮名が伝わるには、ヤマトによる征討征服を待たなければならない。それまでは東国に文字らしきものは存在せず（一部の古代海人族が何らかの記号を用いていたことは考えられるが、社会的に普及することはなかった）、口頭による音だけがあったはずで、であるならばアラハバキも音のみのアラハバキであって、阿良波々岐というように記されるにはその時を待たなければならない。『万葉集』は七世紀前半から七五九年（天平宝字三年）に至る約百三十年間の歌を収録しており、七八〇年（宝亀十一年）頃に成立したと考えられるところから、東北地方に万葉仮名が浸透したのは、それより以前ではありつつも、百年と遡ることはないだろう。

まして荒脛巾や荒祖などの表記は当然ながら万葉仮名よりも後世のものであるから、さらに時を重ねる必要があるのであって、後々の当て字であることは疑うべくもない。

こういった同音異義事例は、古代日本語には少なからず存在し、しかもそれらの多くが漢字に置き換える際に語弊を招来しかねない表記にされてしまったのは、以後の日本語表記法にとってまことに不幸なことであった。特にそのような恣意的表記にはその漢字を用いた際に用いた者の思い入れが反映されるところから、本来は存在しないはずの特定の意味までが付属してしまい、これがさらなる誤解を作り出してしまう。その代表例が脛巾であって、そもそもこの二文字でハバキとは読まない。脛は漢音では「ケイ」、呉音では「ギョウ」、和音では「はぎ」「すね」となり、巾は漢音では「キン」、呉音では「コン」、和音では「きれ」「はば」である。すなわち脛巾は、漢音であれば「ケイ・キン」と発音し、和訓であれば「はぎ・きれ」「はぎ・はば」「すね・きれ」「すね・はば」と訓ずることになる。つまり、誰かが、ある時（漢字渡来の六世紀）に、脛巾《けいきん》という漢字を用いて「ハバキ」と読むことにしたのであって、そこには、ハバキは脛当てのことに違いないという勝手な思い込みが唯一の根拠になったことだろう。

ちなみに神社名として残っているアラハバキの表記には荒羽祇（秋田）、荒脛巾（福島）、荒祖（福島）、荒波々伎（東京）、荒羽々気（愛知）などがある。このうち東京と愛知の二社は万葉仮名表記であることからより古くから存在している表記と考えられるが、秋田と福島の三社は、はるか後世のものであることが判明する。

仮にハバキが脛当ての脛巾／行纏《はばき》であるとした場合、それは果たして王の名にふさわしいものであるだろうか。脛当てのはばきとは、字義通り「幅木」であろう。幅のある木、つまりは板を脛に当てて、山野を進む際の安全装備としたもので、軍装のゲートルの最も素朴かつ原始的なものであろう。そしてそれは、「神」の代名詞になどなるはずもない、かつ高貴なものでもなければ強力なものでもない、ただの用具の一つにすぎないものである。

アラハバキの万葉仮名表記について

『古事記』は万葉仮名という漢字の借字法によって「発音」を重視した。基本的には和式漢文であるが、固有名詞や古来の和語など漢文で代用できないものは、一字一音表記のいわゆる万葉仮名で表記している。

『日本書紀』は漢文で記されており、漢字本来の意味を重視することによって一部借字をおこなっている。

手法は異なるが、どちらも少なからぬ借字の発生が見られる。たとえばお馴染みのヤマトタケルノミコトは次のように記される。

倭建命――『古事記』(七一二年成立)
日本武尊――『日本書紀』(七二〇年成立)

「倭」も「日本」も、ともにわが国の国名であるが、「記紀」成立の八年の間に、理由があって変更された。「ヤマト」という音がまずあって、それに当初は「倭」の字を充てた。これは、漢の朝廷から下賜された文字である。おそらくはみずから「ワ(和・輪)」の国と名乗ったのに対して、「倭」の字を与えられたものだろう。周辺国を呼ぶのに「卑字」を与えるのは中華思想の常道である。小柄で、なにかといえばお辞儀をする日本人を「矮小な種族」と勝手に決めつけて、矮小の意味である「倭」の字を押しつけたものだろう。

ヤマト朝廷がその本当の意味に気付くのは『古事記』が完成した直後であった。だから『古事記』では倭建命と記されていて、『日本書紀』では日本武尊と記されているのだ。『古事記』のわずか八年後に完成した『日本書紀』では、表題に「日本」を用いていることからも、その自負のほどがわかるだろう。もう「倭」とは呼ばせない、という自負である。

実際には『古事記』にも『日本書紀』にも「倭」の文字は無数に使用されていて、両書とも過去の文献の集大成という性格上、記録されている事実を勝手に変更するわけにはいかないので(もしおこなえば国書の信頼性に関わることとなる)、むしろその当時「倭」という卑字がいかに広く浸透していたかを私たちはあらためて知ることになる。

このように漢字はどこまでも借字であって、言葉の本来の意味を探るのであれば漢字の呪縛から解き放たれなければならない。廏戸皇子が国書に「日本」と記したのは、まさに漢字の呪縛から解き放たれて、「ヤマト」の音に、意味として相応しい「日ノ本」の文字を充てたということである。すなわち漢字表記語の中では「日本」は、数少ない「和語」である。しかしほとんどのヤマト言葉は、漢字を借字して記されている。

アラハバキは「アラハバキ」とカタカナで表記されるのが普遍的であるが（荒脛巾や荒覇吐などの漢字表記はこれよりはるか後世に何者かが勝手に充てたものであるだろうが）、むろんその当時にはカタカナもひらがなもいまだ存在せず、仮に古墳時代のいずれかであるとしても、渡来の漢字をその音のみを借りて（借字して）日本人の話し言葉を表していた。これを万葉仮名というわけで、論理的に万葉仮名はカタカナよりも古いので、より古形で表記するのであれば、カタカナよりも万葉仮名表記（例えば「阿良波々岐」）がよりふさわしいことになる。本書の考証でもアラハバキの活動期には万葉仮名がすでに存在していた可能性が高く、代表例は武蔵国（埼玉県）の稲荷山古墳から出土した鉄剣に刻印されていた文字は、人名や地名が万葉仮名であり、しかも製作の年代が明記されている。「辛亥年」とあるから、西暦では四七一年ということになる。すなわち「記紀」よりも二五〇年ほど前の時代に、すでに万葉仮名の使用例が武蔵国にはあったということである。

「ハバキ」は、万葉仮名であれば「羽々岐」と表記されるのが妥当であろう。

そして、「ハハ」「ハバ」は、古語で大蛇《オロチ》のことである。

つまり、アラハバキとは、勇猛な（アラ）大蛇《をろち》（ハバ）の如き男王（岐／キ）のことである。

『古語拾遺』にこう記されている。

「素戔嗚神、天より出雲国の簸《ひ》の川上に降到《くだ》ります。天十握剣《あめのとつかのつるぎ》（其の名は天羽々斬《あめのははきり》といふ。今、石上《いその》神宮《かみのかみのみや》に在り。古語に、大蛇《をろち》をと謂ふ。言ふこころは蛇を斬るなり）を以て、八岐大蛇《やまたのおろち》を斬りたまふ。」（『古語拾遺』岩波文庫版参照／著者により一部調整）

すなわち、スサノヲの佩刀は「十握剣」と称するが、その別名を「天羽々斬剣」という。そしてその号の意味は、「大蛇《をろち》を斬るための天与の剣」という意味である。

アラハバキの命名方式から推察されるのは、『古事記』神代巻に登場する出雲系の神々と同時代であろうということである。東国では基本的に万葉仮名表記は普及しなかったが、もし仮にアラハバキが万葉仮名で表記されていたならば、おそらく「阿良羽々岐」であろうし、であるならば伊邪那岐（イザナギ）や天羽々斬（アメノハバキリ、アメノハハキリ）等と同時代の命名ということになるからだ。すなわち、スサノヲがその佩刀で斬り倒した八岐大蛇（紀）八俣遠呂智（記）とは、アラハバキのことである。

では、「オロチ」に冠せられた「ヤマタ（八岐・八俣）」とは何か。

それについては次章にて詳細を述べる。

アラハバキは、西国に対抗するために作られた地位の呼称で、オオキミやショウグンと同様のものであるだろう。ヤマトもそれを承知していたからこそ、征討に死力を尽くした。そして征討して後は、高鼻の地に手厚く祀り、東国平定の象徴としていた。それが火河大明神である。女体宮の海人族氏神と共に、ヤマト方式で奉祭し、千年以上東国の平安を保ち続けて来た。

アラハバキの東国統治時代、より正確に言うなら「アラハバキ王が東国を統治していた期間」は、けして短いものではないだろう。時期も地域もまちまちにやって来た海人族が、アラハバキという連合システムを獲得するまでには少なくない時間と労力を要したと思われるが、ひとたびアラハバキのもとで連合してからは、西国のヤマト政権よりも固い絆を確立したことだろう。その中軸をなしたのが信仰で、祈りのための社祠（ホコラ）をすべてのムラに設けて、天を拝した。社祠はすべて南向きであったのは、拝する者は北に向かうからである。北の遥か彼方には、海人族の守護神である北辰（北極星）が不動のままに輝いている。これが、後々の神社神道の起源になった。どうみても、アラハバキの活躍期間に前後数百年間に及ぶと考えられる。ということに、アラハバキには個人名ではなく、地位を示す称号であると認識すべきであろう。また同時に、アラハバキとは、「巨大な蛇（大蛇《おろち》）が大地を這っているかのような」古代の荒川の異称であろう。

捏造されたアラハバキ像

氷川神社を構成する三社の中でも特異な存在は氷川女体神社である。巻末の年表にも明記したが、見沼《みぬま》に突き出したこの地・宮本町三室に女体社が創建されたのは大宮氷川神社よりはるかに古く、三世紀頃までは高鼻《たかはな》の地にはまだ何もなかったと推定されるが、女体社はすでに存在していたと考えられる。スサノヲが居を構えるまでは、高鼻の地はただの小高い原野であった。高鼻に火河神社が創建されてからは「元火河（元簸《もとひ》河《かわ》）」と呼ばれていたようだ。

▼**氷川女体《ひかわにょたい》神社**　埼玉県さいたま市緑区宮本（旧武蔵国足立郡三室《みむろ》）
【祭神】奇稲田姫命　（配祀）三穂津姫命　大己貴命

「氷川」を冠して氷川三社に組み込まれるまでは、単に「女体宮」と呼ばれており（『新編武蔵風土記稿』では「女体社」「元簸河」と記されている）、御船祭は、古来女体宮によって催されており、後に見沼が埋め立てられて新田となってからは陸上で磐船祭として催されていたようだが、この時から高鼻（大宮）のスサノヲの男体社に対してクシナダの女体社となったのかもしれない。

そもそも「なんたいしゃ」「にょたいしゃ」「おうじしゃ」は漢語式の音読みであるから、どれほど遡っても四〜五世紀までであって、漢字伝来以前の和訓であれば「ひこみや」「ひめみや」「みこみや」であろう。ただし、当社の起源が海人族・アラハバキ由来であるならば、すでに漢音はあって不思議はないのだが、同時代の无邪志《むさし》や兄多毛比《えたけひ》が万葉仮名であるのだから、社号ばかりが漢音の漢語であるのは不自然である。しかし社号が和訓であったという痕跡はまったくないので、社号は海人族由来で、人名はヤマト言葉由来ということになるだろう。すなわち、氷川三社は、この時点で、海人族からヤマトへ移管されたということになる。

ところで縄文土偶の象徴的遺物である遮光器土偶が、アラハバキの姿であると捏造したのは『東日《つが》流《る》外三郡誌《そとさんぐんし》』の作者である和田某である。彼が勝手に断定した遮光器土偶＝アラハバキ説が欺瞞であることは今や周知のものであるが、それでもまだこの説に拘泥して、あたかも史実であるかのごとく取り扱って、無知な人たちにデマをさらに拡散し続けている罪深い人々が少なからずいるのはまことに残念なことである。『戦後最大の偽書事件「東日流外三郡誌」』(斉藤光政著／集英社文庫)をはじめとする多くの著作や論文によってすでに検証されているので、いまさら本書で暴く必要もないのだが、いまだに信じている人が少なからずあって、彼らによってこのようなデマゴギーが拡大再生産されているのは許容しがたいので、本書でもここにあらためて断言しておこう。

しかしこれは、そもそもあり得ない推定であって、これまで明確な根拠を誰も示さなかったために和田某の虚言が定着してしまったものである。すでに判明している事実は、真正の遮光器土偶が女体を象ったものであり、かつ全身が赤く彩色されていたというものであるが、そもそもアラハバキが女性であったという根拠はない。むしろアラハバキの万葉仮名表記が阿良羽々岐であるとすれば男神であろう。末尾の「岐」は、伊耶那岐等に見られるように男神を表す。

また、そもそもアラハバキと津軽（青森県）とは直接的つながりは見当たらない。アラハバキとは、古墳時代から飛鳥時代にかけての呼称であって、当時の津軽は縄文人が去って、弥生人（ヤマト人）が来るまでの空白の時代である。この時代の東北地方は渡来した海人族が水辺に居住し始めた時期であって、まだ国造も発生していなければ、神社信仰の原型である古神道も形を整えていない。

なおアイヌ語でクナトは男根のことで、アラハバキは女陰のことという説がネットにちらほら出回っているが、私の調べた限りでは根拠不明である。もしそれが事実として一部のアイヌ人に使われていたとするなら、それはアイヌの共通語ではなく、特定の人たちによって用いられていたある種の卑語俗語ではないかと思われる。明治維新前後に東北地方を移動北上する中で第三者と接して取り入れたものとも考えられる。

もしそうではなく古くからの共通語であるとするならば、他のアイヌ語と同様に辞書・研究書等に記述されているはずであるが、現実的にはそうなっていないからである。もしこの用語が事実であるなら、少なくとも少数のアイヌ人は、アラハバキは女性であると認識していたことになるが、そういうことはないだろう。なにしろアラハバキは尊称・称号であって、すでに述べたようにそれを名乗る国造は男性であったと考えられるからである。

なお遮光器土偶が女性であることは乳房と女陰の存在によって現在ではほとんどの者が承知しているが、考古学的研究がまだ不十分であった当時に、偽書の作者がこの事実を知っていたとは思えないため、そうと知らずに持ち出した不完全なレプリカには、女性の特徴が表現されていなかったのかもしれない（ちなみに土偶は、ほんの数点の例外を除いてほぼすべて女体である）。

また、アラハバキと土偶とは時代がまったく異なるため（アラハバキのほうがおおよそ一〇〇〇年以上後世の者なので）、まだ存在していないはるか昔に製作したことになるのだから、むろんありえない話であって、まだ存在してもいない者をモデルとするわけにはいかないのは言うまでもない。ただこの作者の作為はどれもこれも稚拙なものばかりで、他の捏造偽書に比べても突き詰め方が浅いので、ご神体として遮光器土偶を持ち出したのもその場限りの誤魔化しであろうと思われる。

女体社の照葉樹林

次頁の図は『新編武蔵風土記稿』に所載の「女体社地図」であるが、伝承通りであるなら創建から一六〇〇年近く経った姿ということになるが、地理的には創建時と基本構造はあまり変わらないだろう。境内の社叢は、埼玉には稀有な「暖地性の常緑広葉樹林」であって、「氷川女体神社社叢」として昭和四十年に天然記念物第一号として浦和市〔当時〕に指定されている。常緑広葉樹林とは、いわ

「女体社地図」（『新編武蔵風土記稿』所載／同書は昌平坂学問所地理局により 20 年かけて編纂され、1830 年＝文政 13 年に完成）

ゆる照葉樹林のことで、南方系の植物相を意味するものである。古来、日本へ渡来していた海人族の多くは南方系であることと無関係ではないだろう。

また、照葉樹林こそは神道の神籬《ひもろぎ》（神の森）である。代表的な樹種である榊《さかき》（本榊《ほんさかき》）が繁茂している森林に鎮座していることは、近年まで神社の大前提であった。つまり、女体社は、古来の神社設置の条件に適合しているということである。氷川三社の中でも照葉樹林の森に抱かれているのは女体社のみであるから、三社の中でもより古い鎮座であろうことが想像される。今ではこのあたりは榊の北限で、関東では房総半島から東京・埼玉あたりまでしか見られないが、縄文時代は今よりはるかに温暖であったため、東北地方でも照葉樹林は見られたのではないかと思われる。

いずれにせよ地理地形に大きな変化はなかったはずで、社祠の主要建築物は老朽化すれば同一の場所に再建されても形状はそれなりに変化することだろうが、地理地形はそう簡単に変えられるものではない。

なお、女体社は本殿全体が朱色に塗り込められているのだが、この特徴も創建時から守られているものであるだろう。古代における朱の顔料は辰砂《しんしゃ》から採取される丹朱《たんしゅ》であって、丹朱は武蔵国地域の代表的かつ重要な産物でたいへん貴重なものであった。

これについては前拙著『赤の民俗学』で詳細に記したが、日本についての最も古い記録の一つである「魏志倭人伝」（三世紀末成立）に「邪馬臺國に丹山あり」（ヤマト国には丹を産出する山がある）と特記されている。丹とは顔料の朱のことで、当時の魏国の王朝にとっては黄金に匹敵するほどに貴重な産物であって、それを卑弥呼の朝貢使が献上したことに驚いているという記録である。

その当時にすでに存在していた女体社（あるいはその原型である建築物）は、壁も屋根も柱も隈なく丹朱で彩色されていたはずで（現在は朱漆《しゅうるし》）、そのための丹朱は膨大な量に上るはずで、それらは武蔵国各地から献上されていたものであろう。

祭主が氏神と同居するという形態は、古代の氏族長にしばしば見受けられるものなので、女体神社はアラハバキの宮殿跡であるとも考えられる。クシナダが女体社の祭神になったのは、氷川が四社体制となった中世のことで、それ以前は海人族の氏神を祀る社であった。アラハバキ主催で御船祭をおこない、関東の国造たちが一堂に会した。女体宮で古来催されていた御船祭こそは海人族の証であろう。

なお次頁の図は『江戸名所図会』の中の「三《み》室村《むろむら》　元簸《もとひ》河神社《かわじんじゃ》」であるが、「元簸河」とは女体社のことである。照葉樹林に囲まれた、堂々たる社殿で、南側の川を越えたところの田んぼの中に設けられているのが磐船祭のための島であろう。合併前の地名は埼玉県浦和市宮本であったように「浦和」すなわちこのあたりは文字通り「浦《うら》（海岸・浜辺のこと）」であったが、埋め立てられて水田地帯に

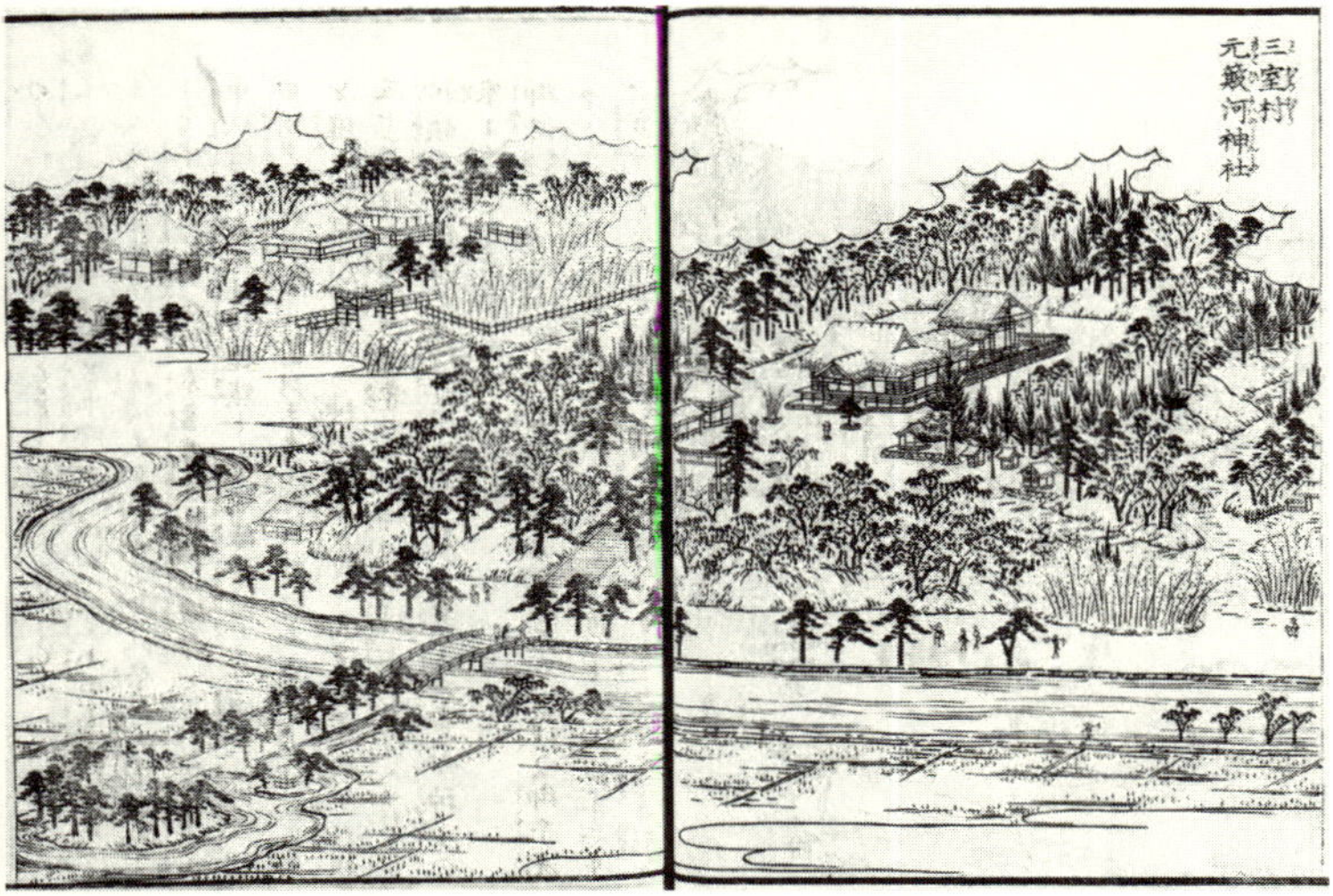

三室村・元簸河神社（『江戸名所図会』より）

なった。

クシナダが女体社の祭神になったのは、氷川が四社体制となった中世のことで、それ以前は海人族の氏神を祀る社であったことは間違いないだろう。しかしその氏神の名は、伝えられていない。さながら、女体社はクシナダを祀るために創建されたかのようであるが、むろんそんなはずはない。そのはるか以前から女体宮としてこの三室（御室）の地に鎮座していたことは明白で、高鼻の地にスサノヲを祀るための大宮氷川神社が創建されるより前から、この地の鎮守神として海人族によって祀られていた。ということは、クシナダを祀って、この地を完全に掌握するために、その神名はヤマトによって消されたのであろう。東国支配にとっても、また海人族をすべて服属させるためにも、ヤマトはクシナダの名によって当社の神を覆い隠す必要があったのだ。

ただ、全国各地に海人族国造たちが祀っていた神々の名は少なからず伝えられているので、ここと同じ神を祀っている神社、とりわけ海人族たちが手厚く祀っていた「一宮」に見出だすことができるのではないかと私は考えている。それについては次章以降で詳しく述べよう。

海の彼方からやってきた神社信仰

海人族出自の者は、氏族名や諱《いみな》にしばしばその痕跡があるからわかりやすい。家系図を辿ればさらに多くの痕跡を見出だすことができるだろう。みずからの血統に誇りを持っており、子孫代々その自負を失うことがないようにとの配慮であろう。尾張氏や津守氏などはむしろ積極的に同化するためにあえて希釈化しているが、海部《あまべ》氏や凡海《おおしあま》氏、安曇《あづみ》氏、塩海《しおみ》氏などは海人族の血統に誇りをもって誇示している氏族の典型であろう。

海人族は、文字通り海の彼方より渡来した者たちである。各地の首長的氏族となって、国造を称し、地祇《ちぎ》（国つ神、土俗神）を奉斎することによって、後に神別に組み込まれた、あるいは自主的に神別の一員となった。すなわち、「ヤマトの神々の子孫」として列せられたのである。本来の拠点は地方各地であるが、朝廷の役務によって畿内にも居を構え、『新撰姓氏録』には畿内の記録のみ録されているが、本貫《ほんがん》の地は地方各地である。

海人族血統の国造で、同時に古社大社の社家であると判明している氏族は今のところ以下のものである。

▼山城国／山背久我国造／久我氏（直《あたい》）　★久我神社社家
▼河内国／凡河内国造／凡河内《おおしこうち》氏（忌寸《いみき》）　★河内国魂神社・坐摩《いかすり》神社社家

▼尾張国／尾張国造／尾張氏のち千秋氏　★熱田神宮大宮司家
▼三河国／穂国造／穂氏または磯部氏　★砥鹿神社社家
▼伊豆国／伊豆国造／日下部氏のち伊豆氏　★三島大社社家
▼安房国／阿波国造　★安房国一宮・安房神社社家
▼下総国／印波国造／大部氏（直）　★後裔の太田氏は麻賀多神社社家
▼武蔵国／无邪志国造（胸刺国造）／无邪志氏（直）　★大國魂神社・氷川神社社家
▼甲斐国／甲斐国造／塩海氏（宿禰）　★浅間《あさま》神社社家
▼美濃国／三野前国造／三野氏（美濃氏）（直）　★南宮大社社家
▼同右　／三野後国造／美濃後氏　★伊奈波神社
▼飛驒国／斐陀国造（飛驒国造）／斐陀氏　★飛驒一宮・水無神社社家
▼信濃国／科野国造／科野氏のち金刺氏・他田《おさだ》氏（舎人）　★諏訪大社下社社家
▼同右　／洲羽国造／洲羽氏のち諏訪氏　★諏訪大社上社社家
▼陸奥国／石背国造／吉弥侯部《きみこうべ》氏　★石背国造神社社家
▼陸奥国／阿尺国造／丈部《はせつかべ》氏（直）　★安積国造神社社家
▼越前国／角鹿国造／角鹿《つぬが》氏（直）　★氣比神宮宮司家
▼丹波国・丹後国／丹波国造／丹波氏・海部氏　★籠神社《このじんじゃ》宮司家
▼因幡国／因幡国造／因幡氏・伊福部氏　★宇倍神社社家
▼出雲国／出雲国造／出雲氏（臣）　★出雲大社社家
▼隠岐国／意岐国造（隠岐）／隠岐・億伎氏　★玉若酢神社社家
▼備中国／加夜国造／香屋氏（臣）　★吉備津神社禰宜家

▼紀伊国／紀国造／紀氏（直）　★日前《ひのくま》神宮・國懸《くにかかす》神宮社家
▼同右　／熊野国造／熊野氏（直）　★熊野大社社家
▼長門国／穴門国造／穴門《あなと》氏（直）　★住吉神社社家
▼伊予国／小市国造／小市氏（直）　★後裔の大祝《おおほうり》氏は大山祇神社社家
▼豊前国／宇佐国造／宇佐氏（公）　★宇佐神宮大宮司家
▼肥後国／阿蘇国造／阿蘇氏（君）　★阿蘇神社社家
▼日向国／日向国造／諸県氏（公）・宮永氏　★宮崎神宮社家
（＊傍線は、ヤマト以前から東国の国造であった氏族。すなわちアラハバキの麾下傘下にあった海人族系の国造である。『国造本紀』『新撰姓氏録』等による。）

そもそも「国造」は、海人族による造語であって、ヤマト成立より前に渡来した海人族には、この最果ての地に「新たな国を造る」のだという気概があったればこその造語であろう。渡来した時に、すでに彼らは漢字を用いていた。

右の一覧はすべて渡来系であり、またその多くは海人族の血統である。また、公式には社家と認定されていなくとも、海人族起源と推認される国造はこの他にも少なからず存在する。そして国造は、みずから海人族の神々を祀り、信仰を原動力として当該地域を統治した。

かつて海は陸上よりもはるかに発達した交通路であった。とくに日本では四方を海に囲まれているだけでなく、瀬戸内海という穏やかな内海を抱えていることで、その一帯は一つの交流圏であった。政治的にも経済的にも一体で、古くからその主導権を担っていたのは海部《あまべ》一族である。海部とは、その名の通り元々は「海の仕事に携わる人々」のことで、漁業および操船航海術によって朝廷に仕えた品部《しなべ》の一つだ。「記紀」の応神朝に「海部を定めた」とあるところから、対朝鮮半島の水軍兵力として、とくに海人《あま》を組織することが求められたからと思われる。全国各地の海部を朝廷の下で伴造《とものみやつこ》として統率する役割を果たしたのは、同族の阿曇連《あづみのむらじ》や凡海連《おおしあまのむらじ》であった。「あづみ」は「あまつみ」の転訛で、本来は「海人津見《あまつみ》」であろう。つまり、海人族の監督者である。

阿曇連や凡海連も渡来系の氏族であるが、いってみれば海人族とは海洋民族のことである。したがって、基本的に陸地民族とは異なる規範を持っている。とくに古代においては、陸上の道よりも海上の道のほうがはるかに利便性が高く、これを特権的に利用活用する海洋民族は、地理観や規模観もより巨視的で、ある種の国際性を先天的に身に着けていたと思われる。陸がつながっていなくとも、海がつながっていれば一つの経済圏であるというのは、一種の国際性であるだろう。

しかしある時期、海人族は世界各地に雄飛するが、陸地の政権との軋轢から分断と定着を余儀なくされる。日本においても同様で、「あま」の音に因む地名が全国の沿岸地域に数多く残っているのはその名残だろう。海人族が、古代から日本文化に深く関わっていたのは間違いない。なかでも品部の呼び名がそのまま氏の名となっている丹後海部氏は、文化史の上でもよく知られている。

丹後の籠神社《このじんじゃ》は、海部氏が代々宮司を務めるものだが、『籠名神宮祝部氏系図《こみょうじんぐうはふりべうじけいず》』（通称「本系図」）、『籠名神宮祝部丹波国造 海部直等氏之本記《こみょうじんぐうはふりべたんばくにのみやつこあまべあたいとううじのほんぎ》』（通称「勘注系図」）という家系図によれば、海部氏の祖神は天火明命《あめのほあかりのみこと》（彦火明命《ひこほあかりのみこと》）であり（『日本書紀』）、丹後・籠神社の祭神である。

海部氏は、古代よりその丹後一帯を支配域とする海人族であるとされるが、同祖同族は長い間に広く各地に勢力を得た。なかでも籠神社の海部氏は、丹後国の国造であり、宮司家でもあった。

同族の尾張氏も尾張の国造となり、熱田神宮の大宮司家を代々務め、また津守《つもり》氏もその地の有力者であり、住吉大社の代々の宮司家である。その地の最大の有力氏族が祭祀家でもあるというのは、古代にはすでに定着していたので、海人族が各地で実力者として勢力を得ていたことがよくわかる。

なお、ここで基本的な問題を解決しておかなければならない。渡来の海人族は、縄文語すなわち古代日本語とどのように関わったのかということだ。

そもそも「国造」とは「くにのみやつこ」「こくぞ（そ）う」等と訓読する古代の称号である。ヤマト以前に海人族がみずから名乗ったもので、漢語（漢字の熟語）ではなく、和語（和製の熟語）である。漢語や英語はS（主語）＋V（動詞）＋O（目的語）の順に構成される文法であるが、これに対して和語（日本語）は、主語（S）＋目的語（O）＋動詞（V）であって、根本的に語順、文法が異なる。国造は「国を造る」という意味であるのは言うまでもないが、漢語では「造国」と記さなければ「国を造る」にならない。国造であると、漢語では「国は造る」もしくは「国が造る」となって、国が主語となってしまい、まったく別の意味になる。すなわち、海人族が国造を名乗っているということは、和語を用いていたということで、遅くとも縄文時代末期までには各地に小規模に個別に渡来して、縄文人＝古日本人に融和していたと考えられる。小規模の海人族が用いていた漢語は土着の縄文人には浸透せず、大多数が用いていた縄文語に海人族も吸収されて行ったのであろう（新たに誕生する子供たちは最初から縄文語で育つため）。

国造は「みやつこ」と和式に読む場合には、「国」を治める「御奴《みやつこ》（天皇の部下）」という意味に発すると推測されるが、「こくぞう」という漢語読みのほうが古いものであろう。海人族が当初名乗った際には「こくぞう」であったと思われる。アラハバキ敗死以後に発生した読みが「みやつこ」であろう。

この場合の国の単位は各地様々で明確な行政区分があったわけではない。後に令制《りようせい》で整備された区画でみると郡や県に相当するものであったと推定される。すでにその地で支配的立場となっていた豪族が朝廷に帰順したことによって国造に任じられたものが大半で、『国造本紀』によれば主に第十二代・景行天皇から第十九代・允恭天皇の時代にかけて任じられている。国造に任じられる際には、同時に臣・連・公（君）・凡直《おおしのあたえ》（直）などのカバネも下賜された。地方官というよりも、連邦制の独立国家に近いもので、軍事権や裁判権等の自治権を保有していた。ただし、祭祀権のみは、ヤマトに服属した証として、記紀神を祀らなければならない。なお「国造」という用語は、ヤマトに服属して後もしばらくは使用されるが、律令の整備とともに「国司」に入れ替わり、やがて行政用語としては消滅する。

各地の有力豪族とは、地理的に一つの行政区画としてとらえられた地域の軍事権・裁判権などを一手に持つ者をいう。対象範囲は後世の「郡（こおり、ぐん）」に相当するものが過半で、藩や県に相当するものも一部存在した。ヤマト政権の統治下にある地方自治体の統一単位である。

『国造本紀』（九世紀成立とされる『先代旧事本紀』巻十）に記録された国造は、全国に百三十五氏である。そのうち海人族《あまぞく》の血統は公式には二十数氏とされるが、実態はそれよりはるかに多い。私は、過半数の国造が海人族の血統であろうと推定している。

海部氏（籠神社）、尾張氏（熱田神宮）、津守氏（住吉大社）、宗像《むなかた》氏（宗像大社）、宇佐氏（宇佐神宮）、上毛野《かみつけの》氏（赤城神社）、伊豆毛《いずも》氏（出雲大社）、角鹿《つぬが》氏（福井・氣多大社）などは、様々な証左から海人族であると認められる。いずれも、海辺の津（港）を拠点とする海運に長けた者たちであって、早くに列島全域で海のネットワークを構築した。古代においては、陸路などとは比較にならぬほど海路は有効であったから、「島嶼《とうしょ》の集合体」ともいうべき日本列島は、海人族にとって活躍するための格好の地理的条件を備えていたのだ。とりわけ海部氏は、古代においては海人族の主宰的立場にあって、籠神社を拠点に西国の海洋ネットワークの要となっていた。

▼籠神社《このじんじゃ》（通称・元伊勢《もといせ》）京都府宮津市字大垣（旧丹後国与佐郡）
【祭神】彦火明命《ひこほあかりのみこと》（相殿）天照大神　豊受大神　海神《わたつみのかみ》　天水分神《あめのみまくりのかみ》

祭神は右の五柱である。主祭神の彦火明命は、天火明命、天照御魂神、天照国照彦火明命、饒速日《にぎはやひの》命《みこと》と同体であるとされる。記紀神であるが海部氏の祖神であるとされており、服属後に下賜された一種の報奨であろう。「火」が冠してあるところから、製鉄神の意味合いも持つとされる。

相殿神に四神があげられているが、二神は記紀神であるから、ヤマトへの服属の証であろう。「海神《わたつみのかみ》」こそは、海人族の氏神であり、当然ながら海人族の主宰である海部氏の氏神である。すなわち籠神社は、全国各地に偏在する海人族系の神社の中核的存在である。

海人族は「ヤマトの海部」になったのか

国造の多くは早くから全国各地の「津」を押さえ、強力な「横のネットワーク」を構築し、各地の「津」を拠点に繁栄したが、弱点は「縦のネットワーク」であった。

いっぽう、ヤマト朝廷は、「縦のネットワーク」構築にひたすら邁進し、内陸の盆地という自然の城塞城郭に拠点を建設する。これが日本における中央集権の始まりである。ヤマト朝廷がようやく

からである。「津」の重要性に気付くのは、国内が比較的安定して、海外との交易や戦闘を重視するようになって

なお、「国造」そのものも古代のカバネの一種であるが、ヤマト朝廷によってそれぞれの国造に各種のカバネが別途与えられ、格付けがおこなわれている。それらは主に公（君）、臣、連であった。国造となった海人族は、氏祖を神として祀ることによって、自らも神の子孫であると位置付けた。元々の一族にはなかった思想である。神仙郷を目指してヤマトへ渡来した人々は、そうすることによって神々の仲間入りを果たしたのであろう。『新撰姓氏録』にいう「諸蕃」が「神別」へ同化する端緒がここにある。

朝廷は、海部に都合の良い『日本書紀』のみを公式に遵法するように仕向けておけば良かったのかもしれない。日本人の神話観は、歴史的には第一に『日本書紀』によって形成されて、次いで『旧事紀（先代旧事本紀）』の影響が中世以降の神話観に寄与している。『古事記』が日本神話のスタンダードとされるようになるのは、この二書から大きく遅れて、江戸時代も後半に入ってからのことだ。もっぱら本居宣長の評価によるところが大きいだろう。明治に入って『古事記』第一になるのも、国学者たちによる復古神道が維新の原動力の一つになったからである。いまでこそ『古事記』神話がスタンダードであるかのように思われているが、朝廷が『古事記』を秘匿したのは、当然ながら理由あってのことだ。しかし、その理由が何なのかは今以て定説はない。ただ、それが『日本書紀』と『古事記』の相違点に伏在するであろうことは容易に推測される。

丹後国国造の海部《あまべ》氏は、応神天皇の御代に渡来した呉人に発する。ルーツはシナ江南である。海部

はその名の通り、古より水運と水軍を統括して発展してきた一族である。東は常陸、安房から、西は筑紫、日向に至るまで、千年余にわたって海の上のことはすべて海部のものであった。しかし渡来の一族であるところから、この国の「陸のこと」には関与せず、ひたすら「海のこと」に徹してきたのだが、そのことでかえって集約されて特別な力を持つことになったのは皮肉であった。

しかし海部はあくまでも渡来人であって、氏祖神として祀る神に天神を戴くわけにはいかない。熱田神宮も籠神社も住吉大社も祭神伝承に曖昧な部分があるのはそのためなのだが、ここでは西宮神社を始めとするエビス信仰についてのみ触れておこう。

エビス神には神話由来の神格がなかった。そのため、「水」関連をはじめとするつながりを求めていくつかの神が習合の候補になったのだ。コトシロヌシやヒコホホデミもその一つである。そして海人族たちは各地でヒルコを選んだ。それが夷三郎《えびすさぶろう》である。本来別々の神であったものが、信仰の担い手の願望によって連結された。エビス神のみでは天つ神にも国つ神にも入らないが、ヒルコとなれば少なくとも神話に由来する神として列せられる。全国各地のエビス信仰の中でも、その習合神をヒルコとしているところは紛れもなく海人族の定住地である。エビス神は、商業神として広まるよりも古くから、その地では海人族の子孫たちによって祀られてきたものだ。つまり、これも重要な海人族の「氏神」である。アラハバキが東国・海人族の統括者であるならば、海部氏は西国・海人族の統括者であったのかもしれない。ただ、早くにヤマトに服属し、信仰する神を記紀神に置き換えてしまったことで、アラハバキとは好対照を成している。

第三章　アラハバキの勢力圏と古利根川《ふるとねがわ》（元荒川）の深い関係

アラハバキはなぜこの地を選んだか

　神社の由来書においては神社名も祭神名も、例外なくすべて漢字で表記されているので、その読み方はしばしば研究課題になる。氷川神社も、研究者は「ひかわ」の訓に従順になるあまり、出雲国の簸川・斐川・斐伊川という地名に呪縛されることとなる。意味よりも語呂合わせを優先させるという皮相な手法である。私は意味を優先するので、「日河」「火河」「陽河」あたりが本来の名称ではなかったかと考えている。

　武蔵国は、現在の埼玉県と東京都を合わせたエリアとほぼ同一であるが、そしてその国の一宮は、山王日枝神社でもなければ、まして神田明神でもなく、大国魂神社でもない。埼玉県さいたま市（旧・大宮市）の**氷川神社**であって、その由来ははるか古代に遡る。

　武蔵国の中心は、国府のある府中（東京都府中市）であったが、国府が設けられるのは八世紀の初めのこと。それ以前は、武蔵国造《くにのみやつこ》の依拠する大宮（埼玉県さいたま市）が中心地であった。府中に

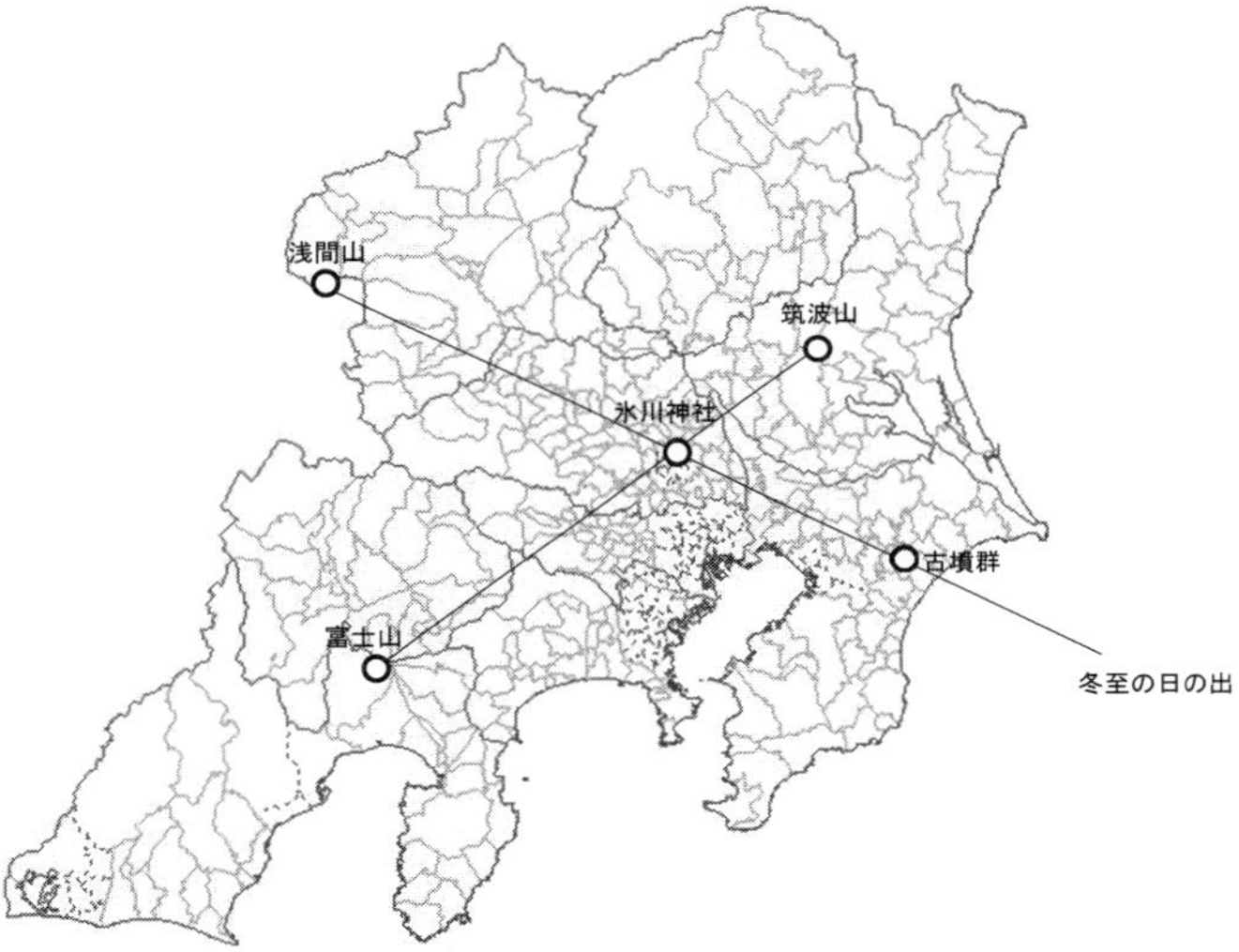

氷川神社の位置

国府が設置されるまでは、おそらく縄文時代から、ずっと、ここが武蔵国の中心地だったのではないかと思われる。

というのも、上図「氷川神社の位置」に示しているように、縄文時代に現在の氷川神社の場所である、さいたま市大宮区高鼻《たかはな》に立つ者は、そこから富士山を遠望するとともに、真反対の側には筑波山を眺望することができる。またその日が冬至であるならば、日の出の陽射しは、高鼻の地を経て、真っ直ぐに注ぐ先には北関東随一の高峰・浅間山《あさまやま》が聳えていることがわかるだろう。武蔵国の政庁はこのような位置に設けられていたのだ。

武蔵国は、明治維新で東京と埼玉に人為的に分離されて（一部は神奈川）、片方は祭祀の中心を失い、もう片方は国府つまり政治の中心を失った。

縄文海進で知られているように、東京湾は内陸の奥深くまで達していて（古東京湾）、さいたま市は海辺であった(江戸時代初頭においても上野の西郷隆盛像が建つ場所は岬であって、それより東側は海であった)。

北西方面には、二荒山《ふたらさん》・浅間山から秩父《ちちぶ》連山に至るまで多くの峰々山々が連なるが、中でも西北に聳える**浅間山**は、「冬至の日の出」をとらえる山として古来、特別な信仰を集めている。冬至は、一年で最も夜が長い日であって、その翌日からは今度は陽が長くなり始めるという日である。ゆえに、古代においては、冬至の翌日を一年の始まりの日としていた。冬至こそは、本来の「暦の基準日」である。つまり、関東という地域において、浅間山は暦の基準日を示す重要な存在であったのだ。

そしてもう一カ所、関東平野の東北方向から南東方向にかけては目立った山嶺はないのだが、その中で唯一視界にとらえられるのが**筑波山**である。この地に暮らす古代の人々は、富士山、浅間山、筑波山を遥拝して、素朴な自然崇拝を育んでいたと思われる。

それらの位置関係を図示すると前掲図のようになる。そして交点に、武蔵国一宮・**氷川神社**が鎮座する。ここが古代関東の中心地であり、政庁があったところということになるだろう。そしてここには、関東王国の「初代の王」「建国の父」が祀られていることになるはずで、氷川神社に祀られている主祭神こそは、本来はその人でなければならないだろう。

氷川神社は武蔵国一宮であり、名神大社であり、官幣大社である。つまり関東では最古で最大の神社であって、全国に約二九〇社(本社二七五、境内社一五)ある氷川神社の総本社である(＊神社本庁登録のみ)。

しかしその内訳は、東京都に七一社、埼玉県に一七九社、つまり武蔵国だけで二五〇社と集中。他の関東県でも、茨城県二社、栃木県二社、千葉県一社、神奈川県三社のみであるから、実は「武蔵ロ

高鼻にある、昭和初期の氷川神社拝殿と本殿。思いのほか質素であるのがよくわかる。

ーカル」ということになる（福島六社、福井一四社）。

ただ、スサノヲを祭神とする神社には複数系統あって、その第一は八坂神社（祇園社）であるが、これは牛頭《ごず》天王《てんのう》を祀ったことに始まるもので、スサノヲ神は後付けである。

そして次に多いのが、氷川神社なのである。すなわち、大宮氷川神社こそがスサノヲ神社の本宮ということになる。

氷川神社の「由緒」には「大和朝廷の威光が東方に及ぶにつれて、当神社の地位も重くなった」とある。つまり、ヤマト朝廷が東国を支配統治するために、氷川神社の威光を利用したということで、すでにそれだけの力があったことを示すものだろう。

しかも、ヤマト朝廷は氷川神社を征討するのではなく、尊重することで共存共栄の道を選んでいる。九州を出発点に東へ進軍し、各地の豪族を次々と征討し、ひたすら全国制覇へと向かいつつあるヤマト朝廷が、いったい何に〝遠慮〟したというのだろう。

見沼《みぬま》の神

東国に根付いていた「信仰」への配慮は当然あったことだろう。

しかしそれだけならば、すでに各地でも直面している。瀬戸内海全域を信仰圏とする大三島の大山祇《おおやまつみ》神社、備前一帯を信仰圏とする吉備津《きびつ》神社、紀伊一帯を信仰圏とする熊野三社、大和一帯を信仰圏とする大神《おおみわ》神社など、すべて完全に制覇し統治下に置いてきている。

氷川由緒にはさらにこうある。

「かつて神社の東側には見沼《みぬま》と呼ばれる広大な湖沼があり、豊かな土壌を形成する元となっておりました。『神沼』、『御沼』とも呼ばれた見沼は正に豊かな恵みを与えて下さる神聖な水をたたえた湖沼で、江戸時代に開発された見沼溜井は周囲約三九キロに及ぶ大貯水池でした。（略）見沼をひかえた土地は肥沃で東西南北に交通の便もよく、人々は益々繁栄し今日の基をなすに至ったものと思われます。」

これほどに重要視され、かつ関東随一の古い由緒を有している神社であるにもかかわらず、実は大宮の地にはそれに相応しい遺跡や遺物がまったくない。氷川神社の社殿も明治十五年と昭和十五年に改築して現在の姿になる前は、質素なものであった。氷川神社の前身は、アラハバキ（荒脛巾）を祀る小社であったとされる。現在は境内に門客人《もんきゃくじん》神社として祀られている摂社がもとは荒脛巾社であったと社伝にはある。

しかしこの地域には大規模な古墳もなく、古代の城郭遺跡もなく、歴史上の事跡として刻まれるような重要な遺物も発掘されていない（縄文土器や弥生土器は数多く発掘されている）。

にもかかわらず、明治天皇は東京へ入ってわずか四日目（明治元年十月十七日）に、氷川神社を武蔵国の総鎮守とし、「勅祭社」と定めた。そして十日目には早くも大宮に行幸し、翌二十八日にみずから御親祭を執りおこなった。もちろんそれは関東のすべての神社の中で最初であり、きわめて特別なことである。明治天皇は明治三年にも再び参拝している。氷川神社はこれほど〝特別扱い〟されて現在に至っている。

それなのに、氷川神社に関しては満足な研究書さえほとんどない。とくに古代史研究者には無視に近い扱いをされている。研究者の興味関心をそそるような物や事、文献や考古遺物がきわめて少ないからだろう。しかし、これほどに古い由緒があり、皇室からも重要視されていて、むしろ「何もない」ことこそが不可思議というものではないだろうか。何者かによって意図的に隠蔽されたか、それとも関東ローム層の下に眠っているか、それとも古利根川《ふるとねがわ》（元荒川）が氾濫を繰り返して流し去ってしまったか。歴史的に由緒ある地域でありながら、これほどに何もない地域は稀有である。

氷川神として祀られた人物が、かなり早い時期に武蔵一帯の統治者であったであろうことは自然の成り行きというものだ。ということは、家康や太田道灌よりも、さらには将門よりもはるか昔にその人物は関東に着目したということで、いわば関東を最初に統治した古代の王ということである。道灌・家康は江戸の一画・千代田を、それ以前には将門が府中をみずからの居城として見出だした。しかしさらにはるか昔に、見沼の畔《ほとり》・大宮を見出だした人物がいたのだ。彼は、見沼に居城・王宮を構え、関東一円を統括し、死しては氷川神社に神として祀られて、その後、長く広く崇敬された。

しかしその〝国〟はヤマト政権に譲られ、見沼は埋め立てられることになる。見沼の干拓を徹底的におこなったのは徳川であるが、すでにそれより早くヤマトは見沼の埋め立てを始めていた。近代になって、明治天皇によって「権威の回復（一社一座の厳守）」がなされるが、その姿は深い闇に消えて忘れ去られて行った。そしていつの間にか四社四座構成になった大宮氷川の信仰は焦点が霞んで行く。

大宮から三〇キロメートルほど北の行田市《ぎょうだ》にある稲荷山《いなりやま》古墳は、鉄剣の「文字」の発見（一九六八年！）でいまでこそ有名であるが、ごく最近まで誰もそれほど重要な遺跡だとは思っていなかった。稲荷山古墳という呼び名も、墳頂に小さな稲荷社が祀られていたので付いた通称で、名称として登録されていたようなものではない。地元では、「田んぼの中の山」ということで「田山」と呼ばれたり、姿形から「ひょうたん山」などとも呼ばれていて、それくらいありふれた風景として界隈に溶け込んでいた。そのために遺跡として保護されることもなく、一九三七（昭和十二）年には、沼地干拓のための用土として前方部が完全に取り崩されて、その跡地は田んぼにされてしまったため、一九六八（昭和四十三）年に学術調査がおこなわれるまで「円墳」だと思われていたようなありさまだ。

稲荷山古墳は、古墳の多い埼玉県でも第二の規模の前方後円墳である。築造されたのは古墳時代後期、五世紀後半と考えられている。「記紀」が編纂されるより二〇〇年近く古い時代である。埋め立てられてしまっているので堀の規模は判然しないが、墳丘部の長さだけで一二〇メートルある。後円部の直径が約六二メートル、復元された前方部の幅が約七四メートル。とてつもない規模である。

そして注目すべきは、古墳の〝向き〟である。墳丘の中心軸は真っ直ぐに富士山を向いている。五世紀の関東平野を想像してみよう。晴れた日には墳頂から、一〇〇キロメートル彼方の富士山を真正面に望むことができるのだ。これは被葬者の遺志であろう。被葬者は、確実に富士山を崇敬していた。

稲荷山古墳を含む「埼玉《さきたま》古墳群」は、全国的に見ても有数の古墳群である。稲荷山はもちろん、それよりさらに規模の大きな二子山古墳など、前方後円墳八基と大型円墳一基が現存している。かつてはその周囲に陪臣のものと考えられる小型の円墳三十五基、方墳一基もあったことがわかっているが、稲荷山の前方部を破壊した昭和の干拓事業で、これらはことごとく取り払われてしまった。まったくもって取り返しのつかない愚挙である。

古墳群の規模から考えて、この周囲のどこかに〝小国家〟ないしは〝地方政権〟が存在していたことは確かだろう。

周知のように、ヤマト朝廷については、大規模な城郭遺跡が発掘されて研究が進んでいる。そしてその周囲には多くの大規模古墳が存在する。

それならば、埼玉古墳群に埋葬された王族たちの「国」も、この近辺に存在したはずである。稲荷山古墳の一九六八年の学術調査で金錯銘鉄剣《きんさくめいてつけん》（稲荷山鉄剣）が発掘され、大事件となるが、このような副葬品を伴う墳墓は際立った「王族」のもの以外にありえない。しかも、全長一〇〇メートルを超える巨大な前方後円墳がいくつも存在するということは、その政権が何代も続いたことを示している。

しかし、その痕跡はこれまでのところまったく発見されていない。金錯銘鉄剣には、表面に五七、裏面に五八、合わせて一一五文字が刻まれており、そこにはワカタケル大王（雄略天皇）に仕えたヲワケの功績などが記されており、古代史の第一級資料の一つとなっている（一九八三年、国宝に指定）。

これにより、少なくとも稲荷山古墳の被葬者は大王《おおきみ》（天皇）に直属の人物であったことがはっきりわかる。関東圏の支配統治を委任されていたということで、五世紀という時代から考えて、皇子を含む王族か、それに匹敵する力を持った地方豪族であろうと思われる。そしてそれだけの政権がこの地にあったということは、政庁があり、町があったということで、しかも生半可な規模ではないだろう。はたして、それらはいったいどこにあったのか。もしかすると、富士山や浅間山の噴火によって堆積した関東ローム層の下に眠っているのだろうか。「ポンペイの遺跡」のように。

現在、荒川は大宮の西側を流れているが、古代には元荒川として古利根川と並行して（その先は足立郡で合体して旧東京湾へ流れ込む）東側を流れていた。その河畔・河川敷として自然に発生した沼沢地が見沼である。元荒川と古利根川の規模が大きく、またこの界隈が平野地であったことで稀に見る広大な湿地帯・沼沢地が出現した。しかも原野を耕して水を引かなければならない〝水田開発〟とは異なり、当初から湿地帯、または浅い沼地であるがゆえに水稲耕作に適していた。実際に、そのほぼすべてが江戸時代までに開拓されて水田となり、「見沼田んぼ」と呼ばれて現在に至っている。江戸時代初期から利根川の付け替え工事がおこなわれ（三十一年間に及ぶ大工事）、瀬替え工事によって氷川の西側へと流路を遷された荒川は見沼を迂回する形になり、荒川と切り離された新・利根川は東へと流路を変えて太平洋へ流れ込むように変えられた（九一頁の図参照）。その工事によって荒川の水量は十分の一ほどになり、現在では見沼の跡地の多くは住宅地になっている。

当時の痕跡は広大な水田地帯と公園として整備されて垣間見ることはできる。その公園の中心の丘の上にたたずむのが氷川女体神社である。ちなみに当社も、武蔵国一宮を名乗っている。私は「一宮」を根源社と呼んで最も重視すべき神社と見做しているのだが、氷川女体神社が「一宮」と称していることにも、それなりの意味があるのだろうと考えている。

アラハバキの三大祭祀

今も残る門客人神社は関東圏に点在する氷川神社のいくつかに摂社末社として存在するばかりで、その数もわずかなものであるが、それ以外に明治の神社合祀令で潰されたものも少なからずあったはずである。いずれにしても「氷川神社の境内神社」というのが最終的な姿であったと考えられる。とすれば、その祭神であったアラハバキは、氷川神社と密接な関係があるはずで、さらに氷川神社のほとんどが鎮座する関東地方（とりわけ武蔵国）と密接な関係があることは間違いないだろう。

そこで、氷川神社の総本宮であるさいたま市大宮区高鼻の氷川神社について、ここでもう一度確認してみよう。

氷川女体神社扁額　「武蔵国一宮」の文字が掲げられている。

▼**氷川神社**（通称　お氷川さま・大宮氷川神社）埼玉県さいたま市大宮区高鼻町（旧武蔵国足立郡）

【祭神】須佐之男命《すさのおのみこと》　稲田姫命《いなだひめのみこと》　大己貴命《おおなむちのみこと》

ところが「延喜式神名帳」（九二七年成立／最古の官社《かんしゃ》一覧）には「一座」とある。

すなわち、
「武蔵国四十四座（大二座・小四十二座）……足立郡四座（大一座・小三座）……氷川神社（名神大）」
と記されているのだ。これがこの地に存在していた官社（国家、地方自治体の管理下にある神社）のすべてである。

これに対して民社（民間のみで管理していた神社）は、実態としては存在する神社の大多数を占めるものなのであるが、その確実な総数も運営の実態も記録がほとんどない。それらの一部は「風土記」に記されているのだが、網羅というにはほど遠いもので、各神社の由緒書きや氏子総代による記録などに手掛かりが残る程度である。個々の神社の残存資料は、保存管理がまちまちでもあるところから、確実な統計的数値はないに等しい。

しかしながら、右に示したように、この時代には武蔵国すなわち埼玉県＋東京都＋神奈川県の一部には、官社《かんしゃ》はわずか四十四社であると「延喜式神名帳」で確認できる。

そのうち名神大社は氷川神社（足立郡）と金佐奈神社（児玉郡）のみであった。

ちなみに他の四十二社は小社であり、これ以外の神社はすべて式外社《しきげしゃ》（民社）である。武蔵国南部である現・東京都地区＋神奈川県の一部には、十世紀の時点では名神大社は一つも存在していなかった。つまりこの当時は「東京都地区＋神奈川県の一部」は武蔵国の辺境であったのだ。

多摩郡に国府が置かれたのは、大化の改新（六四五年）の後に国司を東国に派遣した時である。それによってその地を府中と呼ぶことになり、同時期に大国魂神社が創建されて新たに一宮とされた。

これ以前からすでに東国の政治的中心地は氷川神社のある大宮の地であったが、朝廷は、大宮はもちろん、その周囲も避けて、まったく異なる経済圏である多摩川中流域に面する府中を選んだ。大宮

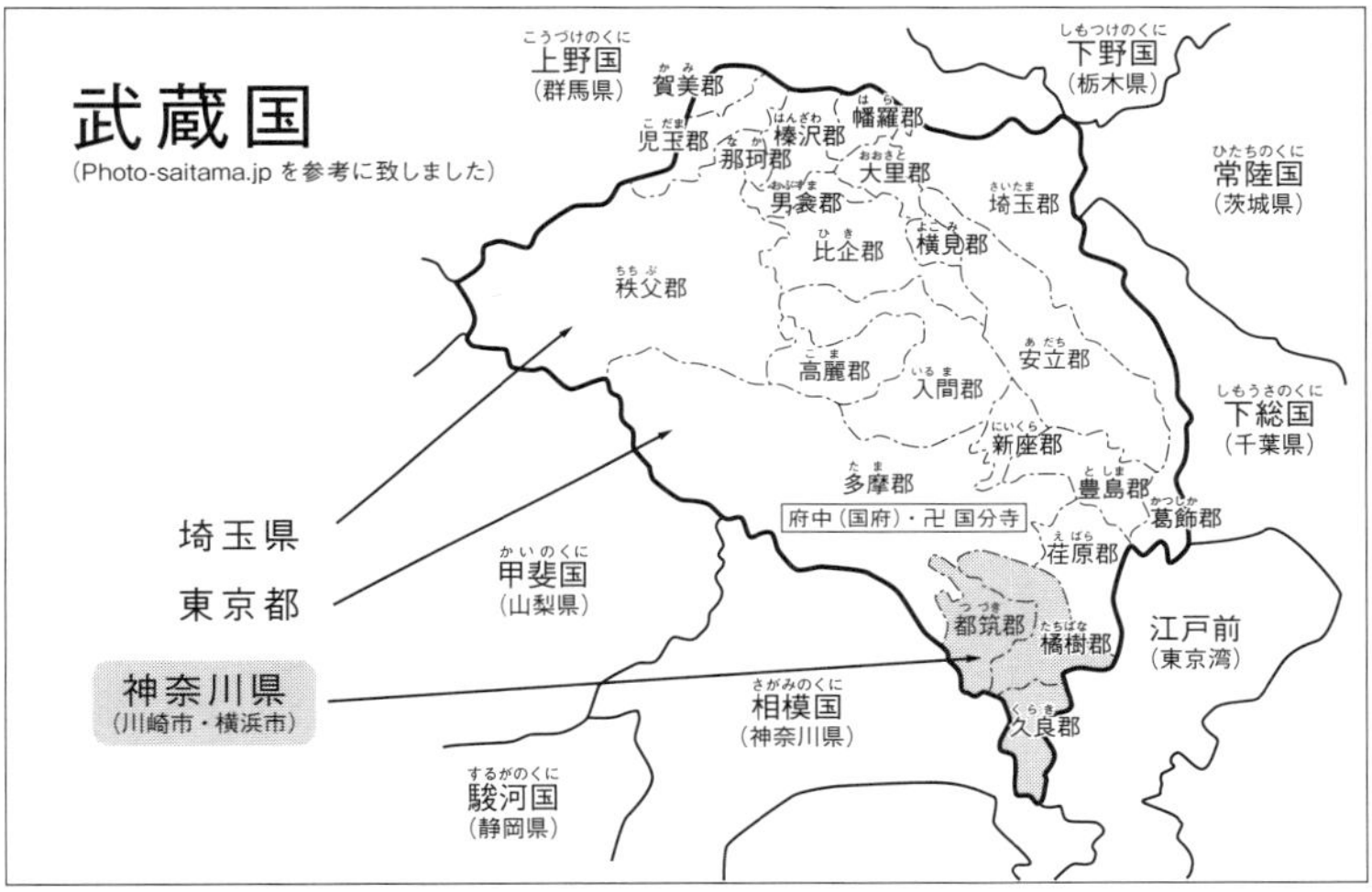

武蔵国図

は无邪志《むさし》国造の根拠地であるから、あえて対立を回避したということであるだろう。武蔵国の国造と国司がそれぞれ別の地に居を構えるというのはまことに奇妙なことであるが、当時はまだ東国においてはヤマトの統治は完全に行き届いてはおらず、古くからの国造は尊重しつつ懐柔すべく工作しているさなかであったと考えられる。

大宮氷川神社は、もともとこの地に地主神としてアラハバキが祀られていたところへ、スサノヲを祭神とする氷川神社を建設して、聖地を簒奪したことに始まったと考えられる。

そして、そのすぐ脇にアラハバキを遷移して荒脛巾神社を建設したものである。

歴史的にはかなり古い時期であろうと思われるが、それでもすでに示した通り、それが五三八年より以前ということはないだろう。なにしろ礼拝所として真似るべき社殿のお手本（仏教寺院）がまだ存在しないのだから。

したがって、「氷川女体神社」も「中山神社」

もそれ以後の建設ということになるだろう。

ただし、巻末年表にも明記しているように、両社にはその前身がある。それは「女体宮《にょたいみや》」であり「御火塚《みひづか》」である。

しかもその当時には女体宮（氷川女体神社の旧称）は「**御船祭**《みふねまつり》」を催しており、御火塚（中山神社の位置にあったか？）は「**鎮火祭**《ひしずめのまつり》」を催している。

第一章でも述べたが、荒脛巾社（大宮氷川神社の位置に鎮座）は、一六七六（延宝四）年に清め祓いの祭に変えられるまで「**火剣祭**《ひつるぎのまつり》」を催している。

「御船祭」、「鎮火祭」、「火剣祭」……氷川三社はその前身がすでに鎮座していたと思われる縄文時代後期から弥生時代初期の頃に、この三種の祭りをおこなっていたというのはきわめて重要な意味を持っている。いずれもヤマト朝廷とは無縁の、アラハバキの三大祭祀である。それについての詳細はさらに後で述べる。

大宮の氷川神社、見沼区中川の中氷川神社（現・中山神社）、緑区三室《みむろ》の氷川女体神社は、いずれも見沼の畔《ほとり》にあり、かつ一直線に並んでいる。この三氷川に、三神それぞれが祀られるようになったのは近世になってからとの説もあるが、かなり古くからこの形態であったと私は考えている。というのも、この三社は一線上に並んでおり、その直線の延長上の先には冬至の日の出を望むことができる。これは、天文地理学を能くする渡来の方士が関与した証であろう。

つまり、「延喜式神名帳」にあるように、かつては本社の祭神は「一座」のみであって、他の二神はそれぞれの社に鎮座していたということである。それが現在のような三神合祭の国風の祭祀形態になったのは、一八三三年（天保四年）もしくはその少し前であろうと推定される。これは当時の神主・

かったからであるだろう。

角井惟臣《つのいこれおみ》が著した『氷川大宮縁起』に拠るものであるが、当時は神道祭祀について国学の影響が大き

氷川女体神社は、かつてはその眼前まで海であって（古東京湾）、そこに突き出た岬の突端に鎮座したのが発祥であろう。縄文海進の時代のことで、この結論は十数年前に私自身で実地調査をおこなって得たものである。ちなみにここに目を付け拠点を構えたのは、渡来して蓬莱山を探し求めていた秦人《しんじん》であろうと私は推論している。

河川が生み出したアラハバキ・ネットワーク

元荒川（古代の荒川）と古利根川《ふるとねがわ》とは武蔵国東南部で合流しており、とてつもなく巨大な河川であって、ひとたび氾濫すればその濁流はあらゆるものを押し流す猛威となり、その土石流が長年月にわたって蓄積したものが後の関東平野の中心部（埼玉県南部から東京都＝武蔵国東南部）である。

▼現在の荒川（利根川分離後）　延長 173km　流域面積 2,940km²

▼現在の斐伊川（肥河、簸の川）　延長 153km　流域面積 2,540km²

こうして較べると二つの川が似たような規模であるのがよくわかる。ところが実は、それは私たち現代人の感覚で、古代においてはこのような姿ではなかった（正確には江戸時代初期までは）。かつては埼玉県東南部界隈で荒川は（古）利根川と合流して、とてつもない巨大河川となって江戸湾へ流れ込んでいた。利根川は現在でも日本一の大河川であるが、かつては荒川と合体してとんでもない規模となって、それが関東平野を造り出していたのだ。

▼現在の利根川（刀祢河）　延長322km　流域面積16,840km²（四国の面積の八割に相当する）

ちなみに、現利根川の流域に存在する自治体は、茨城県、栃木県、群馬県、埼玉県、東京都、千葉県、長野県にまでおよぶ、一都六県二一一市区町村にもおよび、流域内には日本の全人口の一割に相当する約一三〇〇万人が生活しているのだから驚きである。かつてアラハバキの東国はここにあったのだ。時代こそ違え、ヤマトが最後の仇敵としていたのも根拠あってのことと言うべきだろう。

ちなみに関東地方の現在の河川は左頁上図のようになっている。

「都道府県界を超えて一体的に管理する必要がある水系を〝一級水系〟と呼び、全国で109水系が指定されています。／関東地方では久慈川、那珂川、利根川、荒川、多摩川、鶴見川、相模川の7つの一級水系があります。／房総半島と三浦半島には一級水系はありません。」（「関東地方の洪水アーカイブ Copyright@2013 まちづくり情報センター」より）

関東地方の場合は北から西にかけて山岳に囲まれているが、日本一の平野部が大きく開けている。そのため、河川の多くは流れのなだらかな部分が大半で、舟運に適している。それが後の江戸の発展につながるのだが、古代に渡来した海人族たちは海からこれらの河川を遡り、内陸までネットワークを形成していた。これが氷川（火河）のアラハバキを中心とした国造ネットワークである。

元荒川は古利根川の支流で、合体してから東京湾に流れ込んでいた当時は、さいたま市（大宮）の東側を流れていたが、切り離されて、瀬替え工事によって荒川単独となってからは西側へ移動した。

関東の河川図（「関東地方の洪水アーカイブ まちづくり情報センター」より引用）

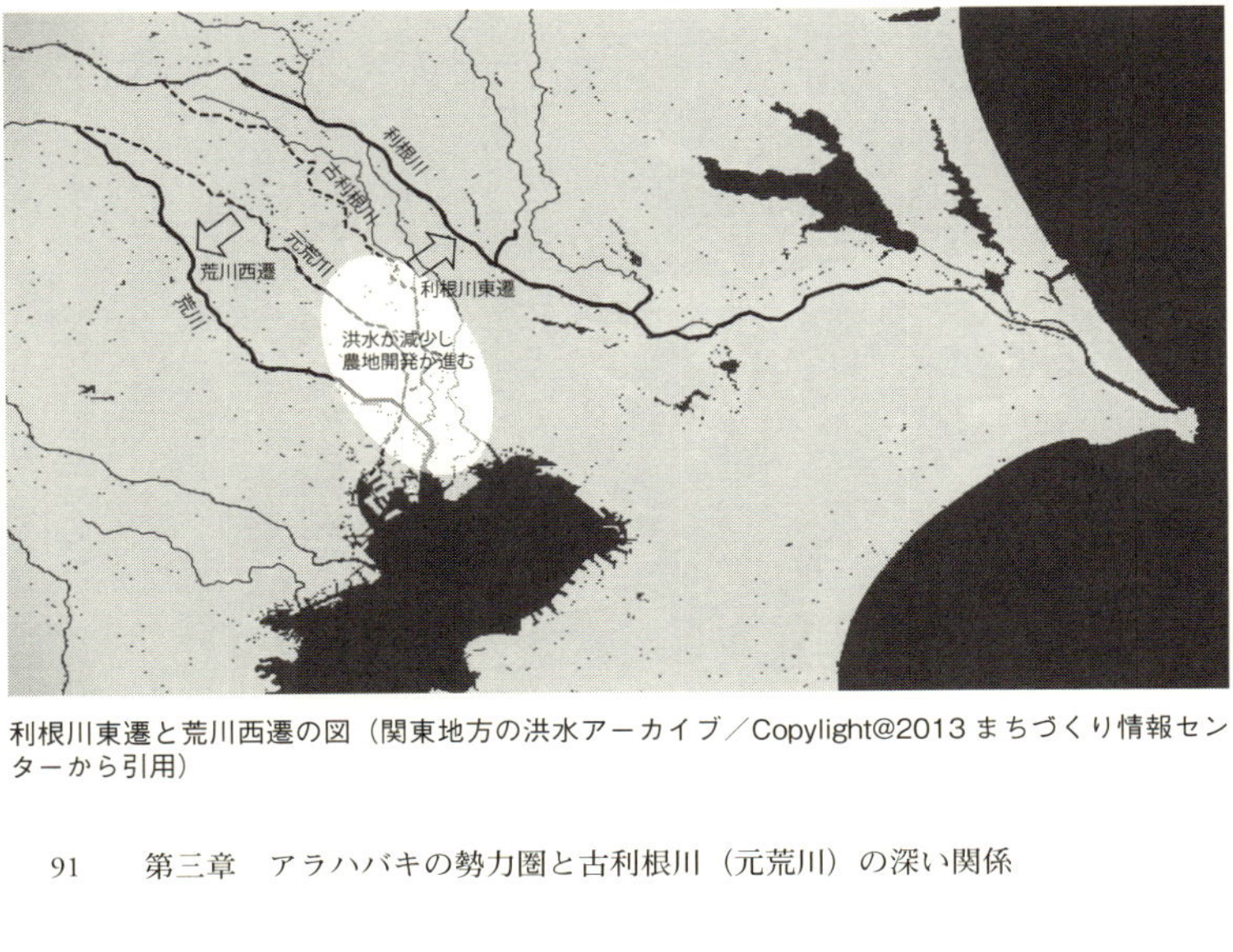

利根川東遷と荒川西遷の図（関東地方の洪水アーカイブ／Copylight@2013 まちづくり情報センターから引用）

つまり、荒川は、かつては氷川神社の東側を流れていたが、この工事以後は現在に至るまで西側を流れている。

現在の荒川と利根川を較べると利根川の水量は荒川の十倍ほどもあるので、両者が合体した埼玉南部から東京湾の河口までの古利根川×元荒川の水量は異様なほど大量で、しかもたびたび氾濫して流路も変わるため、関東平野は肥沃であると同時に災害もまた大規模であった。この災害を治めるために徳川家康が計画したのが「利根川の付け替え（および荒川の瀬替え）」の大工事である。

江戸時代初期から開始された「利根川東遷・荒川西遷事業」は三十一年にも及ぶ付け替え大工事によって利根川は太平洋へ流すこととなり、ようやく現在の荒川の姿となって、埼玉から東京へかけての治水が実現した。

江戸時代以前の「古利根川×元荒川」は日本一の平野を造りだした日本一の大河であったが、実は荒川西遷の後も氾濫はたびたび起きており、大自然はなかなか人間の思うようには応えてくれない（＊国土交通省ホームページの「利根川・荒川の瀬替え工事」を参照されたい）。

氷川は火河か

出雲の斐伊川（簸川）と、関東の荒川とでは規模がまるで違うため、比較にならない。むろん古利根川×元荒川のほうが圧倒的に巨大であって、なにしろ流域が出雲平野と関東平野であるから、関東のほうが桁違いで、比較にもならない。関東の氷川は古来多様な歴史を刻んできたが、出雲の簸川（斐伊川）にはめぼしい歴史はわずかなものだ。そう考えれば、出雲の斐伊川（簸川）は、逆に関東の氷川に倣って命名したものとも考えられる。

それでもなお氷川は斐川にちなんだというならば、社名も斐川神社にすればよいことで、氷川とした理由にはなるまい。当時の武蔵は縄文海進の名残があって、まだかなり暖かい。古利根川（元荒川）が結氷することはまずないだろう。海人族の得意とする製鉄や鍛冶職が河川伝いに散在するとするならば、それは「火川」であろう。夕暮れが迫れば、川沿いに鍛冶の火明かりがあちこちに望めたことだろう。それはさながら八つの首をもたげた大蛇のようであったかもしれない。

縄文海進当時の関東地方南部（国土地理院原図）

稀代の暴れ川とされていた古利根川（＋元荒川）の氾濫洪水は、多くの人々（娘はその象徴）の命を奪うものであって、八岐大蛇退治はその被害を、あたかも古利根川流域の国造たち（海人族連合）の犯罪であるかのように記しているが、そのような実態はなかったのかもしれない。『古事記』ではヤマトタケルの熊襲《くまそ》征伐や出雲征伐においても「賊徒退治」という名目を前提としているが、はたして彼らに犯罪行為があったか否か疑念が残る。なにしろ『古事記』そのものにも、どのような犯罪行為があったのかまったく書かれていないのだ。討伐するのであれば、なによりもまず罪状を挙げて裁くべきだろう。それがないばかりか、熊襲も出雲も、ヤマトタケルは騙し討ちにしているのだ。

上の図は、縄文海進当時の関東地方南部であるが、東京湾が埼玉の北部まで到達しており、大宮台地は東西を海に挟まれた半島となっている。
関東の貝塚のほとんどは、この図の海岸縁に沿って並んでいる。貝塚の多さは南関東が縄文時代から栄えていたことを示すものであるが、同時にその後の発展もその貝塚遺跡と密接に関わっているところから、この沿岸には人口が集中していたことが推測される。

渡来の方士に討伐された海人族の首領か

本書では「海人族」という用語を折々に用いているが、本書にいう「海人族」とは「あまぞく」あるいはそのまま「かいじんぞく」と訓読し、南方から日本列島に渡来した人々をいう。いまだ研究は不十分で、学術用語というには概念設定が定まっていないが、おおよそ二系統に分けられると考えられる。前にも記したが、
一つは、インドネシア系、
もう一つは、シナ江南・インド系である。
これに朝鮮南部海岸系を建て三系統とする説も一部にあるが、私は同説は採らない。朝鮮系は少数でもあり、また時期的に弥生時代末期以降となるため、渡来の海人族とはほぼ無関係で、日本の歴史にも関わりがきわめて薄いためである。『新撰姓氏録』の諸蕃の朝鮮南部の新羅は九氏、加羅も九氏で併せて十八氏にすぎない。他がそれぞれ三百氏近い氏族数であることから見ても、日本との関係はわずかであって、血統的な混交、さらには宗教的・政治的な浸透はわずかなものであろうと推測される。したがって日本国における海人族は、「インドネシア系」と「シナ江南系・インド系」の二系統であろうと考えられる。
この二系統は、それぞれゆるやかな集団・徒党を形成しているが、渡来した時代によって系統が異

なるとされる。縄文時代は航海や漁撈を生業とし、時代が進むにつれて海上輸送や海上軍事に従事するように特化して行った。九州南部から四国、瀬戸内、丹後、紀伊半島、尾張、伊豆、三浦、房総半島などに、海部氏、津守氏、尾張氏、安曇氏等がそれぞれ拠点を得て、日本列島における海上の輸送や軍事をほぼ独占して繁栄した。

とくに和人の居住地域から隔絶されていた紀伊熊野から伊勢志摩にかけては、すでに縄文時代から渡来しており、紀《き》伊国《いのくに》牟《む》婁《ろ》郡《ぐん》すなわち熊野を中心に各地に拠点を定めていた。その指導的氏族が熊野

埼玉県さいたま市秋ケ瀬公園（荒川河川敷内）から望む富士山。アラハバキもスサノヲも、このあたりからこのような富士山を日々眺めていたことだろう。当時も今も富士山の姿にはほとんど変化はないのだから。

さいたま市西区から夕暮れの富士山を望む。

氏であって、後に熊野国造ともなり、熊野水軍や九鬼水軍を統括していた。

またもう一つは、武蔵国足立郡すなわち大宮を中心として東国（関東）を統括していた无邪志《むさし》（胸刺）氏で、後に无邪志国造となり、古利根川（元荒川）を主軸とした関東王権を確立していた。アラハバキという呼称尊称の実態は、時代によって多少異動するが、主に（とくに東国王権の末期には）无邪志国造が就任していたと思われる。


アラハバキは海人族の末裔であり、スサノヲは渡来の秦人方士であろうと推測されるが、どちらも天文地理学の基本は習得しており、関東を統治するには西に富士山（蓬莱山《ほうらいさん》）を望み、東に筑波山を望み、荒川河口の古東京湾の北の岸辺である大宮高鼻の地こそが相応しいと見立てていたのであるだろう。

富士山を最大の神奈備《かんなび》とする山岳信仰は、日本列島において最も古い起源を持つ信仰で、その始まりは縄文時代とともにある（富士山は一万五千年ほど前からほぼ現在の姿になっていたと考えられるため）。

これに対して、仏像に拝跪する、いわゆる「偶像信仰」は、はるかに遅く、六世紀になって仏教が公式に伝来してからのものである。

北海道の利尻富士（利尻山）や岩手の津軽富士（岩木山）、南部富士（岩手山）、出羽富士（鳥海山）、伯耆富士（大山《だいせん》）、讃岐富士（飯野山）、そして鹿児島の薩摩富士（開聞岳）にいたるまで、全国の山岳信仰は富士山のミニチュアであるかのような、独立峰でシンメトリーの山を対象として崇める傾向にある。しかもこれらの信仰は、仏教伝来よりはるか以前からすでにあった。山岳信仰こそは、日本古来の信仰である。

ところが、アラハバキもスサノヲも渡来でありながら、富士山だけは特別視していた。それは彼らのいずれもが陰陽五行説を習得しており、その思想によれば富士山は蓬萊山に見立てることができるためである。

アラハバキが崇敬した富士山

五畿七道の中でも東海道は、南は伊勢志摩から、北は常陸までと幅広い地域をつなぐ街道であるが、そのすべての地域から望見できる唯一無二の霊山がある。それこそは、**富士山**である。

「日本三霊山」として古来広く信仰される神奈備といえば富士山、白山、立山であるが、その中でも富士山は特に際立っている。天高くそびえ、長く裾野を広げる美しい山容でありながら、その一方で噴火を繰り返すという恐ろしさも持っていた。それゆえに、古来より霊力の宿る山として、人々は富士山をあがめてきた。地質学的調査などからも、おおよそ一万五千年前には現在の姿に近いものであったようで、その山頂には神の国があると人々は信じていたようだ。令名は全国に伝わっていたのはもちろんであるが、遠くシナの皇帝にも伝わっていたようで、彼らはこの山を神の山・蓬

旧武蔵国の諸郡と武蔵一宮～六宮

莱山と呼んでいたようだ。

そもそも富士山という呼び名は「フ・シ・サン」であるからすべて漢音であって、少なくとも六世紀以前の日本人がこのような呼び方をするはずがない。漢字で「不死山」と表記しても同じことである。もし富士山を和訓で読むならば「とめるもののふのやま」とでもなるだろうが、現実的にそれはあるまい。日本人が自然物の呼び名にこういったリアルな意味が付与された命名をするようになったのは江戸時代中期以降であって、それまではきわめて素朴な呼び名であるのが普通であった。ではそれ以前は富士山は何と呼ばれていたのかといえば、その成り立ちを知ることで判明する。


静岡県富士宮市に鎮座する富士山本宮浅間大社《ふじさんほんぐうせんげんたいしゃ》は、噴火という山の怒りを鎮《しず》めるために祀《まつ》られた神社で、全国一三〇〇余社の浅間神社の総本社である。祭神の浅間大神《あさまのおおかみ》は、富士大神《ふじおおかみ》とも称され、絶世の美女神として名高い木花佐久夜比売命《このはなのさくやひめのみこと》が、その巫女として合わせて祀られている。

大社に対する朝廷の崇拝はあつく、九二七（延長五）年成立の「延喜式神名帳」では、神々の中でも特に霊験が著しい「名神大社」とされ、駿河国（現在の静岡県中部）の一宮となった。

以後、源頼朝、北条義時、武田信玄・勝頼親子、徳川家康など、多くの武将が富士山本宮浅間神社を崇めた。家康は、関ヶ原の戦いに勝利したお礼として三十余棟を造営し、境内一円を整備した。さらに富士山八合目以上を境内地として寄進したため、現在も富士山本宮浅間神社の所有地となっている。寛永や安政期の大地震で多くの建物が崩壊したが、本殿、拝殿、楼門など家康が建てたものが残っている。山頂には奥宮があり、開山期（七～八月）には神職が常駐する。

江戸時代以降は、庶民の間に富士山への信仰が広まり、各地に富士講が組織されるなど団体での登山が盛んにおこなわれるようになった。頂上では奥宮にお参りした後、「お鉢」と呼ばれる噴火口の周囲にある八つの峰を巡るのが習わしだ（お鉢巡り）。

二〇一三年六月には「富士山　信仰の対象と芸術の源泉」が、ユネスコの世界文化遺産に登録されて、富士山本宮浅間神社は、その構成資産の一つとなっている。そのために登山者が激増し、登山道および山頂付近の荒廃は目を覆うばかりである。山頂には奥宮だけでなく、登山者のための休憩施設が造られ、彼らのために大量の物資を運ぶブルドーザーが往復するようになったため、斜面の一部が崩壊し続けているが、修復は不能である。

現在の鎮座地に富士山本宮浅間大社の社殿が造営されたのは八〇六（大同元）年、平城《へいぜい》天皇の勅命を奉ずる坂上田村麿《さかのうえのたむらまろ》によるとされる。つまり、「記紀」の成立よりも後のことであるから、さほど古いことではない。現在、大社は三つの宮から成り立っている。

▼**富士山本宮浅間大社**《ふじさんほんぐうせんげんたいしゃ》　静岡県富士宮市宮町（旧駿河国富士郡）

【祭神】浅間大神《あさまのおおかみ》（木花之佐久夜比売命）

（配祀）天津日高日子番能迩迩藝命　大山津見神　（合祀）荒御魂神　彌都波能賣神　須佐之男命

日之宮神　天照大御神　應神天皇　市杵嶋姫命　水神　見目神　飯酒御子神

▼**山宮**《やまみや》　静岡県富士宮市山宮字宮内（旧駿河国富士郡）

【祭神】浅間大神（木花之佐久夜比売命）

▼**奥宮**《おくみや》　静岡県富士宮市富士山頂上無番地（旧駿河国富士郡）

【祭神】浅間大神（木花之佐久夜比売命）

（配祀）天津日高日子番能迩迩藝命　大山津見神

（＊以上は本宮により公表されているデータによる）

この中で本宮だけが新しい。本宮が建設されるまでは、実は山宮《やまみや》が本宮であって、そこから遷座《せんざ》されたものである。

その山宮浅間神社《やまみやせんげんじんじゃ》には社殿がない。もともと老木に囲まれた空間そのものが宮であって、直接に富士山を祀るという古代祭祀の形を残している神社である。これを神籬《ひもろぎ》というが、すべての神社の中で、最も古い起源をもつものの一つである。

古来ここで祀られてきたのは浅間大神《あさまのおおかみ》である。別名、富士大神《ふじおおかみ》。これこそが富士山の神である。くりかえすが、山宮が祀るのは古来変わらず浅間大神（富士大神）のみであって、木花之佐久夜比売《このはなのさくやひめ》命は祭神となっていない。コノハナノサクヤヒメが巫女神として大神に仕えるようになるのは、山宮から六キロメートルほど里へ降りて、そこに大社の壮大な社殿が建立された八〇六（大同元）年より以後である。それまでは、コノハナノサクヤヒメは富士山とは無関係である。近年では、木花之佐久夜比売命の別名が浅間大神としている例がほとんどであるが、本来まったく別の神である。アラハバキが崇敬していた頃には、まだ本宮は建設されていないため、むろん木花之佐久夜比売命も祀られていない。（＊資料で確認できる限りでは、木花之佐久夜比売命が祀られるようになったのは近代になってからのようだ。）

山宮と大社の由来を示唆するのは「山宮神事《やまみやしんじ》」である。これを「御神幸《ごしんこう》」と呼び、大社と山宮とをつなぐ道を今も「御神幸道」と呼ぶ。本宮が建立されて以来、浅間大社の例大祭がおこなわれる春四月と秋十一月に、御神幸もそれぞれおこなわれていた。しかし明治六年、新暦に替わる際に大社の例大祭が十一月のみとなり、それにともない山宮神事・御神幸もおこなわれなくなってしまった。（＊

古風の神事次第に興味のあるかたは、拙著『古事記はなぜ富士を記述しなかったのか』をご参照ください。）

ところで陰陽道《おんみょうどう》や地理《ちり》風水《ふうすい》では「聖地」「霊地」とは、第一に旺気《おうき》（エネルギー）の発する源のことをいう。これを太祖山《たいそざん》といって、そこから発する旺気の流れる地形を龍脈という。古来、シナ（china）ではこれを泰山《たいざん》であるとしている。泰山から、シナ（china）全土に「龍脈」が走り「気」が流れているという考え方である。この考え方では、日本では富士山こそが太祖山になるだろう。すなわち陰陽道や地理風水を習得した者にとっては、日本において富士山にまさる聖地はないということになるだろう。そしておそらく、アラハバキおよび海人族の国造たちは同様の思想哲学を修得していたと思われる。そのことは彼らの種々の行動から読み取れる。

なお全国各地にもそれぞれに霊地・霊山はあって、それぞれ崇敬されているが、富士山はそれらとは次元が異なる。富士山の旺気は八方に発して、日本全土におよぶものとされ、なかでも特に強力な龍穴が富士山の山麓にあって、それは現在の地名でいうと富士宮市に当たるとされる。いうまでもなく、富士山本宮浅間大社《ふじさんほんぐうせんげんたいしゃ》も山宮《やまみや》浅間神社もこの地にある。

富士山本宮浅間大社が富士山を祀ることから、一般に「浅間（センゲン、アサマ）」を富士としているが、「浅間《あさま》」は火山の古語である。長野と群馬にまたがる浅間《あさま》山《やま》も、火山活動がひときわ活発であることによってそう呼ばれたもので、富士山との関係によるものではない。

九州の阿蘇《あそ》も語源は浅間《あさま》であろうと思うが、もしかすると逆かもしれない。というのも、阿蘇山の噴火は富士より古く、しかも大規模であった。噴火によって山容の上層部が吹き飛ぶ以前は、富士山よりも高山であったとされている(富士山も、今度大規模噴火する時には、七合目から上は吹き飛ぶという説もある)。ただしそれは、はるか九万年前のことで、富士山が現在の姿になったのが一万五千年ほど前であるから、阿蘇山の古さがよくわかる。

それゆえに、「アソ」は火山の代名詞となった。音韻転訛の成り行きから考えて、おそらく「アソ+ヤマ」→「アソヤマ」→「アサマ」となったものだろう。そして「アサマ」は「火山」の代名詞となったのだ。

富士山の祭神名は浅間大神《あさまのおおかみ》(富士大神《ふじおおかみ》)であるが、このように土地の呼び名がそのまま神の名になるという最も古い形の神名である。そういう意味でも「縄文の神」の代表格であるだろう。つまり富士も阿蘇も、海人族の神ではない。いずれも縄文由来の最も古い神々である。

ちなみに「あさま」の名を冠した浅間《あさま》神社は、富士山の北側にある。甲斐国一宮で、こちらは「せんげん」ではなく「あさま」と読む。甲斐国造の奉祭社である。

富士社の総本宮である富士山本宮浅間大社は、すでに読者もお気付きと思うが、「ふじさん・ほんぐう・せんげん・たいしゃ」であるから、全文字音読みである。音読みは漢語発音であって、仏教と共に輸入されたものであるから、六世紀以後の呼称であろう。もしそれ以前の古い呼び名であるとするならばヤマト言葉でなければ不自然である。少なくとも、他の古社では「ほんみや」「あさま」「おおやしろ」が全国的に残っているので、富士山本宮浅間大社の(名称の)新しさがかえって目立つことにもなっている。これは、ヤマトによって制圧された証であろう。

なおヤマトは、浅間を仙元《せんげん》と言い換えて「あさま」読みを消そうともしたが、これも定着しなかった。

そしてヤマトの歴史は経過して、一九〇七（明治四〇）年、皮肉なことに、関東全域その他に八〇〇社以上鎮座する浅間（せんげん）神社を差し置いて、甲斐の浅間（あさま）神社摂社山宮神社本殿が、北口本宮富士《きたぐちほんぐうふじ》浅間神社東宮本殿《せんげんじんじゃとうぐうほんでん》、富士山本宮浅間大社本殿とともに（これらの二社は「せんげん」読み）、重要文化財に指定された。実に創建から千数百年守り通した「あさま」訓みであった。ヤマトは甲斐一宮の「あさま」の名までは簒奪できなかったのだと、どこからかアラハバキの哄笑が聞こえてきそうだ。これは海人族の甲斐国造である塩海足尼《しおみのすくね》の手柄である。

甲斐国一宮・浅間神社摂社山宮神社本殿（重要文化財）

富士山は独立峰であるところから、登山口も四方にある。そしてそれらの各登山口を拠点にいくつもの浅間神社が鎮座している。北口本宮富士浅間神社をはじめとして、東口本宮富士浅間神社、御室浅間神社など。江戸時代にはそれぞれに宿坊が密集し、多くの講社を組織していた。

なかでも甲斐国一宮の浅間神社は、ひときわ古い歴史をもっている。

そしてここだけが「あさま」と読む。他の神社ももとは「あさま」で、後世に「せんげん」と呼び習わされるようになったのかもしれないが、少なくとも古式がここには残っている。

▼**浅間《あさま》神社**（里宮／通称　一宮《いちのみや》さん・一宮浅間《いちのみやせんげん》）山梨県笛吹市一宮町一ノ宮

【祭神】木花開耶姫命《このはなのさくやひめ》

山宮神社《やまみや》（境外摂社）山梨県東八代郡一宮町一ノ宮

【祭神】大山祇神《おおやまづみがみ》　瓊瓊杵命《ににぎのみこと》

創建し、祭主となったのは塩海足尼《しおみのすくね》（塩見宿禰）である（創建地は山宮神社であり、浅間神社はその里宮として築造）。

お気付きと思うが、創健者の塩海足尼は、これが海人族の名でなくて何だろう、というほど海に縁のある名であろう。なにしろ甲斐国（山梨県）には海がないのだ。にもかかわらず「塩の海」「塩（潮）を見る」というのだから、海人族としての血脈によほど強い思い入れがあるのだろう。彼も国造であるから、アラハバキに就任する資格もあったことだろうし、一度はその地位に付いたのかもしれない。

いずれにせよこれでアラハバキはついに富士を手に入れたのだ。むろんこの時にはまだ富士という呼び名は存在せず、「（蓬萊山に擬せられた）アサマ」である。後にヤマトが不死と名付け、南側に「富士山本宮浅間神社」を創建するまでは、甲斐の浅間神社こそがこの聖なる山の唯一の祭祀社であった。

海のない甲斐国（山梨県）に、海人族が重要な拠点の一つを設けたのは、河川を遡った地で、先住民である山人たちとの一体化を図ったゆえと思われる。隣国の信濃国安曇野《あづみの》においても、海人族の安曇（阿曇）氏は穂高神社を創建して祖神の海神である穂高見命・綿津見神を祀り、山里であるにもかかわらず、例大祭は御船神事である。

塩海足尼は、景行天皇の代に甲斐国の初代国造に任命されたことになっているが、むろんそれ以前から国造であった塩海氏を朝廷があらためて任命したことにして、ヤマト政権に組み込んだものであろう。

しかも彼は、浅間神社のみならず、甲斐国における新たな神社の創建に少なからず関与している。

甲斐国二宮の美和《みわ》神社（笛吹市）は、塩海足尼が創建最初の祭主であった、
金櫻《かねさくら》神社（甲府市）、中牧神社（牧丘町）は、日本武尊の勅命を受けた塩海足尼が創建したと伝えられる（酒折宮《さかおりのみや》は既述の通り）。

神部《かんべ》神社（山梨市）は勅命により塩海足尼が近江の比叡から勧請創建したと伝えられる。

国立《くにたて》神社（笛吹市）は、国造塩海足尼を祭神として祀っている。

これだけでも塩海足尼と甲斐国の信仰祭祀とがただならぬ関わりであることが判然するが、それこそがアラハバキから託された使命であったのではないだろうか。


酒折宮（甲府市）の伝承では甲斐国を訪れた日本武尊が酒折宮を発つとき、「吾行末ここに御霊を留め鎮まり坐すべし」と言って、火打嚢《ひうちぶくろ》を塩海足尼に授けた。その勅を奉戴した塩海足尼がこの火打嚢を御神体として、月見山の中腹に社殿を建てたことが神社の創建とされる。なお、山梨県内の神社で『古事記』『日本書紀』に記載あるのは酒折宮のみである。

▼**酒折宮**《さかおりのみや》（通称　氏神様・鎮守様）山梨県甲府市酒折（旧甲斐国山梨郡）
【祭神】日本武尊

「酒折宮御由緒」に、

「人皇第十二代景行天皇御代四十年、皇子日本武尊は（中略）（酒折に）しばらく御滞在になり国内

を巡視なされ、やがて信濃国に向はせ給う時、塩海足尼を召して『汝は此の国を開き益を起し、民人を育《いく》せ、吾行末こゝに御霊を留め鎮まり坐すべし』と宣り給いて『火打嚢《ひうちふくろ》』を授け給えり。

ここにいう『火打嚢』は、尊が御東征に向かわれるとき、伊勢の皇大神宮に御参拝の折、同宮の祭主であり、叔母君の倭比売命から『草薙剣』と共に賜られしもの（中略）。

塩海足尼謹みて御命を奉戴し、後に社殿を建て『火打嚢』を御神体として鎮祭す、これ本宮の起源なり。（以下略）」

とある。

実は、甲斐国一宮は、富士山の北側にある浅間《あさま》神社であるのだが、海人族にとってはこちらが第一であった。

ちなみに四世紀後期の築造とされる前方後円墳・甲斐銚子塚古墳（甲府市）の被葬者は国造塩海足尼という説が有力である。

▼国指定史跡・甲斐銚子塚古墳　山梨県甲府市下曽根町

墳丘長一六九メートルに及ぶ、東日本最大級（山梨県下第一位の規模）の前方後円墳。四世紀後半築造。

数回にわたる発掘調査によって膨大な副葬品が発掘されているが、一九八五年の発掘調査では銅鏡五枚が新たに出土し、そのうちの一枚は、三角縁獣文帯三神三獣鏡、すなわち三角縁神獣鏡《さんかくぶちしんじゅうきょう》である。いわゆる「卑弥呼の鏡」である。ヤマト朝廷が服属した地方豪族に下賜して取り込みを図ったという説もあるように、ヤマトにとってこの地は特別な位置付けの地であったのだろう。

ヤマトの国家統治の思想は、三種の神器に体現されているように鏡（太陽）と、剣（軍備）と、勾玉《まがたま》（信仰）である。とくに「信仰」はその思想の根幹であった。

鏡は太陽を表し、豊かな収穫により国の経済基盤を体現している。

剣は軍備を表し、国の守りを体現している。

勾玉は祭祀を表し、国民統合の精神的支柱となる信仰を体現している。

富士山（あさま山）は、この国の信仰の中心である。土着の山人も、渡来の海人族も、そしてヤマト人も、この山を仰ぎ見ることで神なる聖性感を抱くことは共通している。その証が、全国に遍在する富士山のビューポイントである。それは他のいかなる霊山（神奈備《かんなび》）よりも広範であって、太平洋側にさながら広大な富士の国が出現しているかのようだ。

ヤマトが、いかに甲斐国を重視していたかというのは、「記紀」に富士山がまったく登場しないことが逆にそれを示唆している。この時までに掌握できていない第一の霊山を、国書に記載するわけに行かなかったのだ。


アラハバキから託された本当の使命は、ヤマトに吸収されてから得心したことだろう。

その後のヤマトの信仰政策において富士がいかに大きな役割を果たしているかを見れば、おのずから明らかである。それを考えると、アラハバキの残した刻印はわれわれの思っているよりはるかに広く深いものなのかもしれない。

甲斐一宮浅間神社を創建することによって、ついに富士山を海人族の信仰体系に組み込むことができたのだが、それをヤマトに奪われるまでさほど月日はかからなかった。アラハバキの敗死とともに、海人族の信仰体系・体制はすべてヤマトに吸収されたからである。

第四章　スサノヲのヤマタノオロチ退治と、まつろわぬ東人《あずまびと》

出雲神話に隠されたアラハバキ

武蔵国・氷川神社において、アラハバキとスサノヲが交錯していることはこれまで述べた通りであるが、それとても明確な文献記録があるわけではなく、神社の祭祀形態や伝承等からの推定である。それでは、中央政府であるヤマト朝廷の記録には、アラハバキとスサノヲの関係はまったく記録されていないのであろうか。賢明な読者諸氏におかれてはすでにお気付きかと思うが、『古事記』にその関係はドラマティックに描写されている。ただし、比喩という形によってであるが。

『古事記』神代巻はその大半を「出雲神話」が占めている。罪を犯したスサノヲが高天原を追放されて、出雲に降り立って、ヤマタノオロチを退治して、娘婿のオオクニヌシがヤマトへ国譲りするまで、延々と出雲を舞台に物語が展開する。それはさながら「出雲記」のようだ。

この一連の「出雲神話」は、『日本書紀』ではひととおり記されているが、あらすじのように簡略化されている。一地方の話であるのだから国家の歴史書としては比率的にも当然だが。

そしてなんとこれらの出雲神話は『出雲国風土記』にはまったく収載されていない。中央政府の命により出雲国造が編纂した「風土記」には、神話は「国引き」のみである。しかもこれをおこなうのは八束水臣津野命《やつかみずおみつぬのみこと》であって、スサノヲはまったく登場しない。これが出雲みずからの認識なのだ。しかも出雲国造が勅命を受けて編纂した「風土記」であるのだから、事実に忠実に記録されているはずである。

さらに不可解なのは、この「国引き神話」は「記紀」のいずれにもまったく登場しないのだ。

このように、「記紀」と『出雲国風土記』とは、出雲の神話に関しては、まったく相容れないのである。これはいったいどういうことなのだろう。

この事実から導き出されるのは、いわゆる出雲神話は出雲の神話ではない、ということではないだろうか。なにしろ当の出雲が『風土記』において認知していないのだ。ということは、スサノヲの神話は、現在の島根県ではない他の地域の神話なのではないかと考えざるを得ないのではないだろうか。

「記紀」は、ヤマト朝廷が、ヤマトのために書いた。

『出雲国風土記』は、出雲国造が、出雲族のために書いた。

ただ、「国を譲られたヤマト朝廷」「スサノヲとオオクニヌシを幽冥界へ追いやったヤマト朝廷」には、このような神話を書かねばならない理由がないこともない。あるいはそれは「追認」や「黙認」であるのかもしれない。それはすなわち、「鎮魂」「慰霊」としてである。オオクニヌシを象徴とするイヅモに対して、盛大に鎮魂・慰霊しなければならない理由がヤマトにはあったのだ。オオクニヌシが怨霊神となって国家および臣民に祟りなすことを畏れるゆえに、壮大な社殿を建てて手厚く祀り、かつ朗唱するための言霊を紡がねばならない。

その一つが、『出雲国造神賀詞《いずものくにのみやつこのかむよごと》』である。『古事記』こそはそれに先駆けた、もう一つの「神賀詞」であるかもしれない。『古事記』は、『日本書紀』や「風土記」とは異なり、朗唱のための言霊《ことだま》であるからだ。『日本書紀』と『出雲国風土記』が散文であるならば、『古事記』は韻文である。もともとは文字として記すことをせず、その序文にあるように、語り部が、特別の機会に朗唱して、限られた者だけがその音律音韻を全身全霊で受け止めたものであるだろう。『古事記』とは、本来そういうものである。本質的には祝詞《のりと》と同じ意味合いのものだろう。『古事記』は本来、黙読するものではなくて、音読朗唱するものである。

その『古事記』の最大のクライマックスが「スサノヲの八岐大蛇退治」である。

出雲へ降って変身する須佐之男命

（＊以下この項のみは、表記を『古事記』に準拠する。固有名詞の多くが「記紀」それぞれ異なるため。）


高天原を追放された須佐之男命は、出雲国の肥《ひ》の河上の鳥髪というところに降臨する。するとそこへ箸が流れてきたので、人が暮らしていると判断して上流へ向かうと、老夫婦が娘を間にして泣いていた。夫婦の名は足名椎《あしなづち》と手名椎《てなづち》、娘の名は櫛名田比売《くしなだひめ》。須佐之男命が泣いている訳を問うと、

「年に一度、八俣遠呂智《やまたのおろち》という怪物がやってきて、娘を食べてしまうのです。八つの頭、八つの尾を持つ巨大な怪物で、私たちには八人の娘がいましたが、もう七人食べられてしまいました。今年もそ

の時期が近づいたので、ただ一人残っている末娘の櫛名田比売も食べられてしまうでしょう」

そう言って泣いている。

そこで須佐之男命は、自分は天照大御神《あまてらすおおみかみ》の弟であり、今降臨したところだと名乗る。そして、自分が八俣遠呂智を退治して、櫛名田比売を妻にしようと言うと、皆敬服した。

須佐之男命は櫛名田比売を櫛に変えて、自分の美豆良《みずら》（左右それぞれ輪上に結い下げた髪型。貴人の証）に挿す。そして足名椎と手名椎に、八回醸した強い酒（八塩折之酒《やしおりのさけ》）を用意し、八つの門を作り、それぞれに酒桶を置くよう命じた。

準備万端ととのって待機しているところへ、八俣遠呂智がやってきた。そして八つの酒桶にそれぞれの首を突っ込んでがぶ飲みする。しかし特別に造られた強い酒であるから、すぐに酔いつぶれてしまう。

八俣遠呂智の背中には「日陰葛《ひかげかずら》やヒノキや杉が生えており」、大きさは「八つの谷、八つの峰にわたる」と『古事記』にある。こんな生き物がいるはずもないのはもちろんで、これは古利根川《ふるとね》（元荒川）流域をなぞらえたものだろう（斐伊川でないことはすでに述べた）。そして八つの国の、八つの国造が連合統治していたのを比喩表現してのものであろう（梅原猛氏は、以前の著書で八俣遠呂智を三輪山としていたが、後年撤回している）。

この後のくだりは『古事記』本文には次のように記されている。以下は原文の書き下し。

「かれ、その中の尾を切りたまいし時に、御刀《みはかし》の刃《は》毀《か》けき。しかして、あやしと思ほし、御刀の前《さき》もちて刺し割きて見そこなはせば、都牟羽《つむは》の大刀《たち》あり。かれ、この大刀を取り、異《け》しき物と思ほして、天照大御神に白《もう》し上げたまひき。」

『古今英雄鑑』（著者蔵）より。なぜかここでは八頭の「龍」になっている。九頭龍ならぬ八頭龍である。

酔いつぶれた八俣遠呂智を須佐之男命は佩《はい》刀《とう》（自分の剣）十拳剣《とつかのつるぎ》（天羽々斬剣《あまのははきりのつるぎ》）で次々に切り刻んでいく。「ハハキリ」であるから、「大蛇斬《ハハキ》り」である。龍ではない。そして最後に尾を切断しようとした時、何かに当たって須佐之男命の佩刀の刃が欠けてしまったというのだ。これは、須佐之男命の佩刀よりも都牟羽《つむは》の大刀《たち》のほうが硬度が高いと言っているわけである。

単純に考えて、銅剣対鉄剣で打ち合えば、必ず銅剣の刃が欠ける。鋳造《ちゅうぞう》された銅剣と、鍛造《たんぞう》された鉄剣では、硬度がまるで違うからだ。すなわち、八俣遠呂智の体内刀は鉄剣である。それもかなりの硬度を持つところから、玉鋼《たまはがね》を鍛冶《かじ》鍛造したものであるだろう。繰り返し折りたたみ、打ち延ばしていく日本刀独特の鍛造による「千枚鋼《せんまいはがね》」という構造の刀剣であるだろう。

八俣遠呂智の尾を割いてみると、中からは

都牟羽の大刀（渦巻きの刃紋の剣）が現れた。その剣の上には常に雨雲が巻き起こっていて、そのゆえにその剣は天叢雲剣《あめのむらくものつるぎ》とも呼ばれたということになっている（尾の中とは、アラハバキが身に着けていたということであるだろう。斬殺すれば、その佩刀は血潮の中から取り上げることになる）。

しかし鍛造の鉄剣には、それならではの「叢雲」のような刃紋がつきものである。それを見出した須佐之男命は「都牟羽《つむは》の大刀《たち》あり」と述べている。そして須佐之男命は「異《け》しき物と思ほして（珍しいものと思って）」天照大御神に献上するのだ。そして後に、この刀こそが天皇家に伝わる三種の神器の一つ「草薙剣」になる。

古くから製鉄技術を有していたことで知られる東国の海人族（国造一族）たちは刃物の鍛造技術に長けており、武器や農機具などをも製造していた。精錬された「玉鋼《たまはがね》」は日本刀の材料として最良とされており、製鉄技術はそれを加工する技術＝鍛造技術をもともなう。つまり、刀鍛冶《かたなかじ》である。天叢雲剣はその部族連合によって祀られていた宝剣・神剣であったのかもしれない。「天叢雲」とは、鍛造される際に浮き上がる「刃紋」のことであろう（とすれば、この件《くだり》は須佐之男命が製鉄技術をヤマトにもたらしたとの暗喩かもしれない）。

以後の歴史を左右する「鉄」とりわけ「鉄製の刀剣」は、その由来を謎めかす必要があったのだろう。八俣遠呂智の体内から取り出したのが「出会い」「初物」であるというならば、それが渡来なのか国産なのかわからない。わからないながら、天照大御神に献上されて、「神剣」となった以上、詮索は不必要となる。八俣遠呂智に象徴されるアラハバキ一族はそのままヤマトに服属するわけであるから、彼らの保有する製鉄技術も鍛冶鍛造技術もヤマトのものになるからである。

アラハバキの正体を示唆する「鉄剣」

巷間流布している誤解の一つに、アラハバキは縄文人であったというものがある。しかしその唯一の根拠は、偽書『東日流外三郡誌《つがるそとさんぐんし》』の記述に拠るものだ。他には存在しない。

縄文人ではないという根拠や、縄文人以外の何者かであろうという推論はいくつか存在する。なかでも最大のものは、「アラハバキは文字を持っていた」という推定であろう。蝦夷（エミシ、エゾ）も、アイヌ族も、文字を持たない。口語のみで、書き文字に相当する表記記号はついに持たなかった。

漢字伝来後はヤマトにおいては漢字の音のみをヤマト言葉の表記記号として利用し、その後ヤマト読み（訓読み）や、ひらがな、カタカナを発明することになるのだが、エゾにおいては近世に至るまで、基本的には文字の使用はなかった。つまり、漢字伝来以前のヤマト（耶馬臺）と同様である。（＊注：蝦夷征伐や蝦夷地のように使用されている蝦夷にはアイヌ族も含まれているため、ここでは便宜的に北関東から東北地方、北海道地方、千島樺太地方全域の先住民を一括して「蝦夷、エミシ、エゾ」と呼称する。）

蝦夷やアイヌが文字を持たなかったのは縄文人と同様であるが、アラハバキが製鉄や土木工学、航海技術、天文地理等の原始的な科学技術に通じていたとすれば、文字を保有していたであろうことは容易に推測できる。つまりアラハバキは、縄文人でもなければエゾでもアイヌでもないということである。

そもそもアラハバキ一族の力の源泉は何であったのか。首長が国造であったことを考えれば、指摘するまでもないことだが、信仰と武力と経済力であろうことは、おのずから明らかであろう。この三種の力は後々ヤマト朝廷すなわちオオキミにも通ずるもので、天武天皇が三種の神器として制度化して見せるものである。古代において最も早くにこの三種の力を備えていた者は「渡来の海人族」であろう。

つまり、アラハバキは縄文人ではなく、渡来の海人族であろうから、縄文土偶として造形されるはずもないのだ。

そしてアラハバキが縄文人ではない証左はもう一つ、すでに述べたように鉄剣鉄刀を用いていることである。これはきわめて象徴的な事件であって、重要な示唆を含んでいる。

鍛造された鉄剣は、鋳造された銅剣が及びもつかぬ強靭さを持っている。

縄文遺跡からは戦闘のための武器は見つかっていないことから、縄文人は殺し合うような戦闘はおこなわなかったとされていて、そのような彼らが殺戮用の武器である鉄剣鉄刀を製造するはずがない。そもそも必要がない。すなわち、アラハバキは縄文人ではないことになる。

また、縄文時代・縄文人には鉄剣製造の技術はない。

そしてスサノヲの剣が銅剣であったということは、ちょうど銅剣から鉄剣への移行期に入る時期であるというになる。それは、弥生時代の後半のことだろう。そして、この時期にスサノヲとアラハバキは相対しているということである。

そう、この事件は、ヤマタノオロチ退治の起きた年代をおおよそではあるが私たちに教えくれる歴史的大事件なのだ。

「阿良波々岐」と「天羽々斬剣」の両者に共通する「ハハ」という古語。

「鉄剣」と「銅剣」で打ち合うという歴史的タイミング。

この二点が、私たちに与えてくれた真相は重大である。

古代最大の内乱とされる壬申の乱（六七二年）において、大海人皇子軍に付いた尾張氏を始めとする海人族らは、海人族の潜在力によって大量の鉄剣を調達した。

これに対して、大友皇子側はほとんどが旧来の銅剣・銅戈・銅矛であった。

私たちはすでに知っているが、鉄剣と銅剣とで打ち合えば、銅剣の刃のみが欠け、打ち合い続ければ銅剣は折れてしまう。大友軍にはベテラン軍人が多かったが、鉄剣を振り回す大海人軍の若き舎人《とねり》たちにまったく太刀打ちできなかった。軍勢は二万対二万のほぼ同数と伝えられているが、これこそが、大友軍が一方的に敗北した要因である。


アラハバキ軍が鉄剣を具備しながら、銅剣のスサノヲ軍に敗れたのは、鉄剣を鍛造するには材料の調達から研磨までかなりの手間がかかるため、これを佩刀としていた者は国造などごく一部の者に限られており（もしくは神宝として社祠に祀られていたか）、だからこそスサノヲは「異《け》しき物と思ほして（珍しいものと思って）」アマテラスに献上するのだ。スサノヲ軍は戦闘能力に長けた少なからぬ軍人を揃えており、衆寡敵せず、ということであったのだろう。数万の軍勢が押し寄せて来たなら、百本程度の鉄剣があったところで勝敗の帰趨はおのずから明らかであろう。


スサノヲがヤマタノオロチを斬ったスサノヲの佩刀は、その号を「十拳剣《とつかのつるぎ》」と称したと『古事記』に明記されている。

十握剣は、別名を天羽々斬《あめのははきり》という。これは文字通り「羽々」を「斬る」「高天原」の剣という意味であって、ではその対象となっている「羽々」とは何かといえば、前述したように「ハハ」は古語で「大蛇＝オロチ」のことである。「ハハ」とも「ハバ」とも呼んだが、いずれも大蛇の意である。

この記述から読み取れるのは、アラハバキは「荒脛巾」ではなく「阿良羽々岐」がふさわしいということであろう。末尾の「岐」は、伊耶那岐の「岐」である。伊耶那岐はアマテラスやスサノオ、ツクヨミ等多くの神の父神（男王）であり、根源の神である。すなわち厳格に解析するなら「勇猛な大蛇にたとえるべき英雄」という意味の呼称であり尊称であるだろう。そしてその実体は「ヤマトに対抗する八つの氏族からなる連合体」であり、その血脈は渡来の海人族に由来する国造である。すなわちそれは「利根川・荒川」連合の政体である。

鹿嶋神宮の宝物として知られる剣・十握剣は、鍛造の鉄刀（片刃直刀）である。したがってスサノヲの十握剣であるはずがない。

また、縄文遺跡からは戦闘のための武器は見つかっていないことから、縄文人は殺し合うような戦闘はおこなわなかったとされていて、そのような彼らが殺戮用の武器である鉄刀を製造するはずがない。そもそも必要がない。この証左からも、アラハバキ一族が縄文人とは異なる種族であることが示される。

オオクニヌシもアラハバキも、「国譲り」はしていない

スサノヲの長子オオクニヌシは、天孫ニニギに「国譲り」した。みずから開拓し経営してきた国を、突然降臨してきたニニギにいとも簡単に譲り渡したと、「記紀」に記されている。

オオクニヌシの息子二人は少しばかり抵抗するが、オオクニヌシ自身は自分のために「立派な隠居所」を建ててくれることを条件に、完全に譲りわたすと決する。その隠居所こそは杵築大社《きつきのおおやしろ》（出雲大社）であるという。

オオクニヌシは隠居して、幽世《かくりよ》（あの世）の主宰神となって、現世《うつしよ》（この世）とは関わりのない神となったと記されている。これは「死」を意味するものに他ならない。つまり殺害されたか、自害させられたということであるだろう。そして御霊は怨霊神として杵築大社に封じられた。

ヤマト朝廷は「国を譲られた」と「記紀」において主張しているのだが、出雲の国造《こくそう》は「風土記」において、国譲りそのものを認めていないということである。

そこで、私はこんな推理をしている。オオクニヌシはヤマト朝廷によって創り出された神名であり、統合神として地祇《くにつかみ》の象徴とされたものではないか。オオクニヌシがオオナムチ以下多くの別名を持ち、しかして実体が定まらないのはこの理由によっているのであろう。――特定の固有性はもともとオオクニヌシには存しないのだと考えれば、答えが見えてくるだろう。大和地方（元・出雲）に盤踞していたスサノヲの末裔たちを征討し、合わせて大社に祀り上げることによって、ヤマト政権は成立したのであって、オオクニヌシとは、彼らの集合体としての神名ではないかとも考えられる。

大宮・氷川神社の神像／オオナムチを中央に七つの名が列挙されている。

政権移行のためには多くの血が流さ

れたであろうし、新政権に対する「怨み」も残ったのは間違いない。出雲大社（杵築大社）は、その鎮魂の社なのだ。つまり、オオクニヌシ（あるいは出雲族の首長たち）は鎮魂されなければならないような死に方であったと理解できる。「国譲り」という美名によって糊塗されているが、実態は「服属」であろう。苦労して建国し統治していた国を、やすやすと他者に「譲る」はずがないのだから。つまりこれはヤマト族によって出雲族が「征服」されたという歴史的事件を、「禅譲」という美談に変換翻訳した神話であろう。

そして、西国でおこなわれたこの方法は、東国でもおこなわれた。アラハバキを大宮へ封じて、国造連合を懐柔したのはその直前に出雲の事例があったからこそではないだろうか。

国譲りに際して、アマテラスは交渉の使者として経津主《ふつぬし》神と建御雷《たけみかづち》神を、中津《なかつ》国《くに》の王である大国主神のもとに派遣した。すると、長男の事代主神《ことしろぬしのかみ》にすぐに同意するのだが、「もう一人意見を聞いてほしい息子がいる」と大国主神は言う。

ちょうどその時、千人かかっても持ち上げられないような大石（千《ち》引石《びきいわ》）を軽々と持って建御《たけみ》名方《なかた》神《かみ》がやって来た。そして、「力くらべで決めよう」と言って建御雷神の手をつかんだ。するとその手は氷柱と化し、さらに剣刃に変わる。建御名方神はおそれおののき手を引っ込める。すなわちこれも「天神の剣に負けた」のだ。

今度は建御雷神が建御名方神の手を握り、あたかも葦のように軽々と投げ放ってしまう。建御名方神はあわてて逃げ去り、科野国《しなののくに》の洲《す》羽海《わのうみ》に追いつめられ殺されそうになって言う。「殺さないでくれ。ここより他へは行かず、父と兄の言葉に従い、この国は天照大神の仰せの通り献上する」こうして建御名方神は諏訪に鎮座したのだという。

この物語は、『古事記』のみに書かれていて、『日本書紀』にも、『出雲風土記』にさえもまったく書かれていない。タケミナカタ神を祀る諏訪大社は諏訪湖を挟んで北側に秋宮《あきみや》と春宮《はるみや》の下社《しもしゃ》二社があり、南側に本宮《ほんみや》と前宮《まえみや》の上社《かみしゃ》二社がある。これらの四社を合わせた総称が諏訪大社だ。六年ごとに寅年と申年におこなわれる奇祭「御柱祭《おんばしらさい》」は、全国的に知られる勇壮な祭りである。その時、各社それぞれ四隅に立てられる樅《もみ》の大木は、六年後の次の回まで静かに佇む。古式が素朴な形のまま受け継がれた珍しい例である。四本の柱で囲まれたエリアを最も神聖な場所とする思想は神社の原型であり、拝殿しかなく、本殿がないというのもきわめて古い形である。

日本の古代上代史は歴史学の対象ではなくて、考古学や宗教学の対象だと言われる。それは、研究対象となる「文献」が存在しないためであるが、日本の歴史について多少造詣のある人でも、スサノヲとオオクニヌシの矛盾には気付かないかもしれない。というのも、スサノヲは天神《てんじん》（天つ神）で、オオクニヌシは地祇《ちぎ》（国つ神）である。だから本当は征服者と被征服者という関係になるはずで、論理的には対立関係でなければおかしいのだ。

ところが『古事記』ではむりやり血筋をつなげている。だからオオクニヌシがスサノヲの娘を妻にするというような齟齬が生じている。スサノヲからすれば、六代後の孫が娘を口説きに来たということになるのだが。もっともあまりにもあからさまな齟齬が見えるから、もしかすると意図的だと思わせるのが狙いかもしれないが。八世紀という時代は、文献的には最古の時代であって、この時代に『古事記』『日本書紀』「風土記」が公式に編纂されたのは意味があるのだろう。同時代の三大史書であって、しかもこれより以前にわが国には史書は存在しない。とすれば、この三書は同時代に存在してしかるべき意味が当然あるはずで、それは役割分担と考えるのが答えかもしれない。たった三種しかない公的文書が競合も重複もするはずがなく、むしろそれぞれに異なる役割を担っていると考えれば、おのずから答えは判明するだろう。

「風土記」は地域単位の記録としてはっきりしている。

ところが『古事記』と『日本書紀』はともに天武天皇の指示で編纂され、ともに国書＝歴史書とされている。

『日本書紀』は明らかに歴代天皇の事跡を中心とした編年体の公式記録である。

これに対して『古事記』は、神話の部分が大半で、しかもそのほとんどを地祇の物語に費やしている。

つまり『古事記』の主要な目的はここにあったということになる。

『日本書紀』は政治のための歴史書であるが、『古事記』は祭祀のための信仰の書であるのだろう。

さて、以上のくだりで重要なことは「スサノヲがアマテラスに献上した宝剣はアラハバキの剣であった」ということである。アラハバキの命によって精錬された鉄によって、アラハバキの命で製刀されたものである。それが天叢雲剣である。

海人族・アラハバキの宝剣を、アマテラスに献上したという結末は、それこそを目的として書かれた神話であろう。なにしろこの刀剣こそが三種の神器の一つ、草薙剣になるのである。

ヤマタノオロチを退治したスサノヲは、髪に挿していた櫛を元の姿の櫛名田比売《くしなだひめ》に戻し、共に暮らす場所を求めて出雲の根之堅洲国《ねのかたすくに》にやってきた。

「ここはすがすがしい場所だ」

とスサノヲが言ったことから、その地は須賀《すが》と名付けられた。現在、須我神社のある場所である。

そしてスサノヲは、

「八雲立つ　出雲八重垣　妻籠に　八重垣作る　その八重垣を」

と詠んで、二人の住まいと決めた。これは日本で最初の和歌とされる。スサノヲの位置付けが悪から善へと変貌したという結末である。

高天原では追放されるほどの悪役であったにもかかわらず、出雲では突然、庶民の味方の英雄になった。これはいかなる意図によるのだろう。高天原神話では、ヤマトがイヅモを断罪していることは明らかであるが、そのイヅモの〝建国〟を、追放したスサノヲに担わせることによって、従属関係を明確にしたということになるのだろうか。イヅモ族の宝剣を、アマテラスに献上したとの結末は、それこそを目的として〝変身〟させたと思われてならない。

あるいは悪神が、禊《みそ》ぎ祓《はら》いによって、善神になったとの論理であろうか。とすれば、高天原で髪と爪を切られたのが禊ぎ＝身削ぎであって、宝剣の献上は祓い＝払いの供物との位置付けか。天津罪は、禊ぎ祓いによって浄められるというのは、まさに神道思想の基本ではあるのだが。アラハバキの剣をアマテラスへ献上したことで、東国も服属したことを裏付ける象徴的な儀礼なのかもしれない。

ヤマタノオロチ神話の解き明かしのキーワードは「鉄」にある。

鹿島神宮の十拳剣（神宝・国宝）は二代目という説があって、もしそうであるなら初代は石上神宮の神域から発掘されて現在神宮の御神刀となっている布都御魂剣《ふつのみたまのつるぎ》こそがそうであろう。「内反り刀」から「直刀」へという引き継ぎは、それ以後外反りになる日本刀のプロセスからも妥当な変遷であろう（＊宝刀・神刀についての詳細は拙著『三種の神器』を参照されたい）。

『古事記』の八岐大蛇退治の段に重大な示唆がある。『古語拾遺』は「素神の霊剣献上」との項で、「退治」の描写はまったく無視した上で、この件についてのみ解読している。前章で引用したくだりの「続き」として以下のように記されている。

「素戔嗚神、天より出雲国の簸の川上に降到《くだ》ります。天十握剣《あめのとつかのつるぎ》（其の名は天羽々斬《あめのははきり》といふ。今、石《いその》上神宮《かみのかみのみや》に在り。古語に、大蛇《をろち》を羽々《はは》と謂ふ。言ふこころは蛇を斬るなり。）を以て、八岐大蛇《やまたのをろち》を斬りたまふ。其の尾の中に一つの霊《あや》しき剣《つるぎ》得つ。其の名は、天叢雲《あめのむらくも》（大蛇《をろち》の上に、常に雲《くも》気有り。故《ゆえ》以て名と為《す》。倭武尊《やまとたけるのみこと》東に征《ゆ》きましし年に、相模国《さがむのくに》に到り、野火の難《わざはひ》に遇はしき。即ち、此の剣を以て、草を薙《な》ぎて免《まぬか》るること得つ。更《さらあらた》めて草薙剣《くさなぎのつるぎ》と名づく。）といふ。乃《すなは》ち、天神《あまつかみ》に献上《たてまつ》りたまふ。然る後に、素戔嗚神、国神《くにつかみ》の女《むすめ》を娶《めと》りて、大己貴神《おほなむちのかみ》（古語に、於保那武智神といふ。）を生みませり。遂に根国《ねのくに》に就《い》でましき。」（『古語拾遺』岩波文庫版参照／著者により一部改訂）

アラハバキ社では古くは火の祭りがおこなわれていた。鉄剣こそは、アラハバキの武器であった。ヤマトがなかなかアラハバキを攻略できなかったのは、彼らに鉄剣という強力な武器があったからなのだ。それこそは都牟羽《つむは》の大刀《たち》である。アラハバキの佩刀（神剣）こそは、鉄剣・都牟羽《つむは》の大刀《たち》であって、雲が棚引くような鍛造刀に独特の波紋が浮き上がっていた。

日本人の「八」信仰

ヤマタノオロチ（八俣遠呂智、八岐大蛇）は、なぜ「八」なのか。

シナにおいては七や九などの奇数を吉数聖数とする信仰が古来根付いているが、これに対して日本は偶数の中でも最大数の「八」を特別に信仰した。八百屋、大江戸八百八町など。とくに聖数として重視されており、八幡宮を始め、八十神《やそかみ》、八百万の神々、八幡大菩薩《はちまんだいぼさつ》、八百比丘尼《やおびくに》、八尋殿《やひろどの》、大八洲《おおやしま》、八衢《やちまた》、八咫烏《やたがらす》など、数が大きい・多いことを表すだけでなく、神聖な数とみられていたようだ。八の字が末広がりであるからという俗説もあるが、漢字が移入される以前からすでに尊ばれていたとされているので、おそらく理由は他にあるのだろう。

『古事記』に登場する「八」は、のべ「一五四カ所」に上る。
『日本書紀』神代巻に登場する「八」は、のべ「九二カ所」。

しかもその用例には、大八洲、八百万の神々、八衢《やちまた》等々、特別に意味を込めたものがほとんどで、意図的に「八」が用いられているのがよくわかる。

ただし、驚くべきことに「八幡（はちまん、やはた）」という語彙は『古事記』にも『日本書紀』にも皆無である。

「八幡宮」「八幡神社」は全国に一万社以上存在するにもかかわらず（稲荷神社に次いで二番目に多いとされる）、「記紀」にはその語彙が一切存在しないのだ。ということは、「八幡」という語彙そのものの発生が「記紀」編纂以後のものということになるだろう。ちなみに「八」は万葉仮名では「は」「や」と発音するものの「はち」とは読まない。「はち」は呉音であり、「はつ」が漢音である。つまり八幡は七二〇年以後に生まれた語彙であって、神社の共通社号としては古代には存在していなかったということになるだろう。

しかし八月八日は何の記念日にもなっていない。記念日（節）はすべて奇数月の奇数日であって、これは記念日（節）の起源がシナに由来するためである。『日本書紀』前後から大陸文化を取り入れることが盛んになって、三月三日の桃の節句、五月五日の端午の節句、七月七日の七夕、九月九日の重陽《ちょうよう》の節句を祝う風習が広まるが、なぜか八月八日には何もおこなわれない。

なお、最大の吉数「九」は、「八」に比すると圧倒的に少ない。

『古事記』　一六カ所。

『日本書紀』　九カ所。

と、右に示したそれぞれの数の十分の一程度にすぎない。

また使用法にも特別な意味を託したものはきわめて少数であって、日数や年数など単なる数値に過ぎない。

なお「九頭龍《くずりゅう》」も、『古事記』『日本書紀』ともに皆無である。

九頭龍を祀る神社が少数あるが、九尾の狐と同様、いずれもシナ文化の渡来に基づいており、九頭龍信仰そのものが渡来であることによるだろう。

ちなみに「九」を社名に含む神社は、九一社（本社）、および四七社（境内社）。

そのうち「九頭龍神社」は四社（本社）と、八社（摂社）のみである。

神社本庁登録の本社四社のみここに挙げておく。

▼九頭龍神社　千葉県印西市別所

【祭神】天手力男命

▼**九頭龍神社**　東京都西多摩郡檜原村数馬
【祭神】天手力男命
▼天津《あめつ》石戸《いわと》別《わけ》神社（通称　**九頭龍明神・九頭明神**）奈良県高市郡高取町越智
【祭神】天手力男神
▼**九頭龍神社**　岐阜県下呂市馬瀬堀之内
【祭神】天手力男神

ご覧のようにいずれも祭神はアメノタヂカラオであるが、いずれも朝廷に忖度《そんたく》して記紀神に代えたものであろう。言うまでもないが、元々の祭神は九頭龍である。古来、日本には「蛇神」信仰はあるが、「龍神」信仰は存在しない。

「龍」は後からやって来た

ヤマタノオロチが「蛇」であって「龍」ではないのは、まだ日本人が「龍」を知らなかったか、さもなければよくわかっていなかったからであろう。

それでは日本人が「龍」を認識認知したのはいつ頃のことか、また最初に明確に認識した日本人は誰か。実はその証拠が、日本人にとって最も重要な二つの書物によって明確に示されている。『古事記』と『日本書紀』である。

ただし、この両書に「日本人は〇〇年に龍を認識した」などと記されているわけではなく、ある手法で検索すると証拠が浮かび上がるのだ。それは、「龍」という言葉の用例検索である。『古事記』と『日本書紀』では量的に大きく異なるのだが、ともに全体を一括検索することには他にも意味があるので、「神話編」に限らずにおこなうこととする。

【「記紀」における「龍」と「蛇」の全用例】

一、「龍」の用例

▼『古事記』一件

「序」に一件あるのみ。

この事実は、かねてより『古事記』は本文と序が別の時に記されたのではないかとの推論を裏付けるものであって、なおかつ「序」は、龍字起用の一点により、明らかに本文より後に付け加えられたものであろう。

▼『日本書紀』四十七件

そのうち「天武天皇紀下」で二十一件、

「持統天皇紀」で十八件。

合計で三十九件！

つまり『日本書紀』における「龍」の用例は、最後の二巻だけで、約九割を占めているということである。

右記の二点から推定できるのは、古代シナの架空の生き物である「龍」およびその漢字は、大海人皇子が皇位に就いてから公式に用いられたと推定するに十分な論拠である。したがって龍が日本において浸透・定着したのは天武天皇以降であることが推定される。

二、「蛇」の用例

▼『古事記』九件

「上　大国主命」で四件
「中　垂仁天皇記」で二件

オオクニヌシがスサノヲによって「蛇の室」に閉じ込められ、それをすせりひめが与えた「蛇よけの比礼」など。他の用例は「神の姿」など。

▼『日本書紀』三十二件

「巻第一　神代上」のみで十九件
「巻第七　景行天皇〜成務天皇　日本武尊」で四件
「神代」の十九件はすべて八岐大蛇退治関連である。

「日本武尊」の四件は、日本武尊が伊吹山へ登り、山の神＝蛇の気に当てられ死に至る場面である。

これまで本書において提示して来た一連の事実によって、ヤマタノオロチに比喩されたものは、「平野部を貫く大河に沿ってそれぞれに国を造った（国造）海人族の連合体」のことであろうと推測される。そしてそれらを主宰していたのがアラハバキであるだろう。関東平野の中心部を貫いていた大河である古利根川・元荒川の河口に突き出していた半島部こそが、氷川三社の所在地であった。

ちなみに当時の日本人はまだ龍をよく知らなかった。だから蛇に準《なぞら》えた。もし承知していたならば、ヤマタノオロチは九頭龍になっていたかもしれない。

怨霊神アラハバキ封印の番人スサノヲ

「氷川」という名称は、杵築大社《きづきたいしゃ》の鎮座地にあやかって、とされているが、杵築は神戸《かんど》川の河口に近い場所にあって、斐伊《ひい》川とはまるで方向が異なる。神戸川は出雲の西側に流れ出しており、その河口の北側に杵築大社、南側に長浜神社がそれぞれ鎮座している。

これに対して斐伊川は出雲の北東（宍道《しんじ》湖）に流れ出しており、杵築にはむしろそっぽを向いている。杵築と斐伊川は何の関係もない。もし杵築にあやかるというなら、神川神社とでも名付けるべきだろう。

しかし、社号はあくまで「氷川」である。斐伊川と無関係であるならば、なぜ氷川なのか。これまで誰もその所以を解き明かしていないのは、まともに検討もせずに、なんとなく語呂合わせの斐伊川で納得してしまっているからであろう。しかし、違うのだ。ヒントが「社伝」にも『古事記』にもあるではないか。当社では古くは火の祭りがおこなわれていたのだ。

鉄剣こそは、アラハバキの武器であった。ヤマトがなかなかアラハバキを攻略できなかったのは、前章でも述べたように、彼らに鉄剣という強力な武器があったからなのだ。夕暮れともなれば、人工の灯火が稀少であった時代のことであるから、古利根川・元荒川に沿って、鍛冶の火の輝きが浮き上がって河の形を点描していたことだろう。

すなわち、氷川は「火の川」であったのだ。

では、なぜ「氷川」に変えたのか。誰が、いかなる理由で、変えたのか。

答えは簡単である。ヤマト朝廷が施策としておこなったものだ。

古代シナにおいては、朝貢する周辺の蛮族に対して「卑字」をもって処遇した。「邪馬臺國の卑彌呼」のように。「邪な国の卑しい女王」という漢字を下賜したのだ。

ヤマト朝廷はこれに倣って、服属した者に対しては「卑字」を下賜した。「火」という漢字は、強く攻撃的で、精力的な意味を体現している。これに対して「氷」という漢字は、冷たくて、活動的ではなく、熱に接すれば溶けて流れてしまう。「氷の川」など、さながら煉獄の死の川である。

氷川の神は、アラハバキであった。氷川は、アラハバキという怨霊神を封印するために創建されたものだろう。封印の番人はスサノヲである。杵築大社がそうであるように。

アラハバキ征討から東国国造の掌握へ

古利根川・元荒川等を舟運の軸としてアラハバキに参集した海人族・国造は、当初、八氏族であったものが、時と共に次第に増えて行くのは当然で、さながら大江戸八百八町が最終的には千六百町以上になってもそのまま通称されたように。当初は八氏族であったが、毛野氏が上毛野《かみつけの》と下毛野《しもつけの》に分裂したり、山間地を支配して豊富な資源をもとに力を付けて来た秩父氏や佐竹氏、陸奥藤原氏等々、増加したのは周知の通りである。東国は馬術も盛んであったが、河川を利用した舟運も大いに発展した。

アラハバキは、そのような連合体の首領となった者の尊称だったのではないか。八つの部族が連合連携して、一種の連邦国家を形成し、その時々の統率者は八人の部族長（国造）から選ばれた。そして選ばれた統率者は、尊号としてのアラハバキを名乗った。スサノヲに征討された最後のアラハバキが何代目であったかは不明であるが、相応の代数を重ねて来たことだろう。そして、スサノヲが討ち取ったアラハバキは、最後のアラハバキであったのだと思われる。

征討されたアラハバキは（厳密にはその時に連合体の代表に就いていた者であろう）、そして彼のみは（側近数人も含まれたか）見せしめとして殺害され、他の氏族長は名を改めて（名前の文字の一部を入れ替えて）ヤマトに服属したと考えられる。ヤマトが周辺国を征討する際の常套手段である。ヤマトが紀伊熊野から侵攻する途次にもナグサトベ等々多くの土豪氏族をこの方法で服属させている。

西暦二四八年九月五日、アマテラス（卑弥呼）崩御。

そこから類推すると、スサノヲが死んだのは紀元二五〇〜三〇〇年頃であるから、スサノヲがアラハバキを討ったのはこの期間のいずれかということになる。すなわち弥生時代末期から古墳時代初頭にかけてであって、両者の「遺骸」は前方後円墳であるかどうかはわからぬまでも、いわゆる大型古墳に埋葬されているだろう。そして「御霊」は、ともに氷川社に祀られた。

海人族は、みずから国造という称号を作成し、就任した者たちの中から統括責任者を立てて、アラハバキという尊称を奉った。

アラハバキは、海人族の東国における信仰拠点を三室《みむろ》の女体宮に、また中山の御火塚《みひづか》に、そして高鼻《たかはな》に政庁を設けて拠点とし、東国連邦を主宰した。

スサノヲが征討したのは、結果的に最後の代のアラハバキとなった无邪志《むさし》国造である。その御霊を祀るために高鼻にはアラハバキ社が創建され、懇篤に祀られた。

スサノヲが死して後には、兄多毛比《えたけひ》が武蔵国造の初代として朝廷により任命され、スサノヲの御霊を高鼻に祀って火河神社としたのだろう。

「治水の完備していない上古においては荒川や利根川水系の河川は洪水の度に水脈が変化していた。洪水によって上流より流出した土壌は肥沃で、堆積し豊かな耕地となった。」と西角井正文氏も著書において指摘しているが、実はその以前に南関東は縄文海進によって大宮台地の目前まで海が迫っており、海人族がこの地を見出だしたのもここが海辺であって船の発着に都合がよかったのと、背後に広がる広大な平野を統治するにも格好の位置であったからである。

現在、氷川三社の鎮座する地はそれぞれ小高い丘になっているが、かつては三カ所とも海に突き出した小規模な半島様を成していた。しかも高鼻には社祠はなく、三室女体宮の前に広がる海において御船祭がおこなわれ、中川の御火塚では鎮火祭がおこなわれて、古利根川・元荒川流域の国造たちが蝟集していたことが想像される。

それらの国造は当初は次の八氏であって、古くに渡来した海人《あまぞく》族系の氏族であり、彼らがアラハバキ連合の原型になったと思われる。

一、无邪志《むさし》国造（秩父を除く武蔵国／荒川／**氷川女体神社社家**）

二、知々夫《ちちぶ》国造（武蔵国秩父郡／荒川／**秩父神社社家**）
三、阿波《あわ》国造（安房国西部／荒川／**安房神社社家**）
四、印波《いんば》国造（下総国中部／荒川／**麻賀多神社社家**）
五、茨城国造（壬生氏）（常陸国中部／那珂川・鹿島灘／主宰社は不明）
六、上毛野《かみつけの》国造（上野国＝群馬県／利根川／赤城神社か？）
七、下毛野《しもつけの》国造（下野国＝那須を除く栃木県／利根川／宇都宮二荒山神社か？）
八、那須《なす》国造（下野国北部／利根川／主宰神社は不明）

ご覧のように、半数の一、～四、が古社大社の社家でもある。他の四家は今のところ確証はないのだが、国造である以上、それぞれ地元の古社と浅からぬつながりがあるだろう。彼ら八氏が国造として東国を割拠しており、その血脈は渡来の海人族に発するものだろう。

そしてその中心部をさながら軸筋のように流れ、武蔵国へと集約させる大河こそは、古代の荒川である。利根川も鹿島灘への流路を開発して逃がす形を造る以前は、荒川に合流しており、古代荒川はすなわち、古利根川と元荒川とを合わせた規模の大河であった（その他の中小河川も少なからず合流していた）。この大河が造り出したものこそは、関東平野である。縄文海進によって縄文時代晩期まで埼玉県さいたま市大宮の氷川神社の南側までが海であったが、後に気温が下がったことによって海岸が後退し、一大平野地および湿原が出現することになる。

女体社に秘められた秘密

アラハバキは、西国に対抗するために形成された政治的地位であろうとすでに繰り返し述べているが、ヤマトもそれを承知していたからこそ、征討に死力を尽くした。中央突破することで、東国全体を制覇できると考えたのだ。

そして征討して後は、アラハバキを高鼻《たかはな》の地に封じて祀り、東国平定の象徴とした。それが火河社（後の火河大明神）である。女体宮の海人族氏神と共にヤマト方式で奉祭し、以後千年以上東国の平安を保ち続けることになる。

アラハバキは、その実態（現実の統治者）と、信仰対象（神として祀られて以降）とでかなり異なる。アラハバキ現象の前期と後期と切り離して、あらためて考察すべきかもしれないが、本書ではあえて氷川以前のアラハバキに焦点をあてており、連続する要素が見られる限りにおいてのみ氷川以後も述べることにしている。

実態は関東地域を主体に東北地方まで広がる「東国王権」であり、神社に祀られてからは反ヤマトの象徴として、すなわち「まつろわぬ神」として全国各地で独自の信仰を集めるようになる。しかし結果的にはどちらもヤマトの全国統治には不必要な存在であったことから消される運命、消え去る宿命にあったと言えるだろう。

いずれ最終段階になった頃には東国も安定期に入っていて、さしずめ長期政権になっていたのではないかと想像する。そして最後のアラハバキとなっていたのは无邪志《むさし》国造であり（武蔵国造ではない）、中川のアラハバキ社に御霊を祀られた者であろう。

ちなみに男体社に対する女体社という呼び方は、筑波山や日光山など信仰の山ではしばしば見られるもので、氷川ではスサノヲを祀ることとしてから、女体宮の神を勧請し、スサノヲと併存する祭祀形態を採り、名付けたものであるだろう。江戸時代の寛政二（一七九〇）年の「武蔵国一宮氷川神社宮中絵図面」によれば、高鼻に鎮座する氷川神社は、本殿として男体社と女体社が横並びで建っている。

この女体社を明治の神祇令に従って三室の女体社に合祀したとも考えられるのだが、確証はない。現在では祭神は次のようになっているのだが、ここには海人族の氏神らしき神名は見当たらない。

▼氷川女体神社（別名　女体宮／武蔵国一宮）埼玉県さいたま市緑区宮本（旧武蔵国足立郡三室）
【祭神】奇稲《くしな》田《だ》姫《ひめ》命　（配祀）三穂津姫命　大己貴命

氷川神社創建と共に国造として任命され赴任した（任命国造第一代）武蔵氏（旧・丈部《はせつかべ》氏）は、それまで火河神として祀られていたアラハバキ神を、本殿の境内に新たな社殿を建てて祀った。また、海人族の氏神を女体社として祀ったはず。これで、氷川神社にはヤマト人も海人族も、共に参詣できることになる。ヤマトが各地で実施してきた手法である。

しかし氷川女体神社に、奇稲《くしな》田《だ》姫《ひめ》命と三穂津姫命が祀られているのは恣意的な意図を感じさせる。ここが古くから「女体社」であるから、平仄《ひょうそく》を合わせるために、スサノヲの妻と、オオナムチの妻とを持ってきたのであろうが、本来この地には海人族の氏神が祀られていたはずで、その神が女性であったからこそ女体宮と古来呼称されていたものであろう。その氏神はどこへ行ってしまったのだろう。

現地へ行ってみると本殿の裏手にはいくつかの摂末社があって、龍神社、神明社、今宮神社、坂東神社各一、稲荷社二、御嶽神社、弁天社の八社であるが、このうちの半数は現在の神職にもよくわからないとのことである。『新編武蔵風土記稿』には「末社。神明社、住吉明神社、石上神社、天神松尾合社。」とある。あるいはこの中に元々の女体宮祭神が祀られているのかもしれないが、調べるのは困難を極めそうだ。

これまで本書でも海人族の氏神についてすでに複数挙げており、次の章でも新たに加えることになるだろうが、ここ三室（御室）に祀られていた氏神こそは、海人族には特に篤く信仰されていたものと思われる。

海人族が信仰していた氏神を求めて

海人族たちがいかなる神を崇敬していたのか、全国津々浦々の拠点には、当然ながらいくつかの神が祀られていて、それがいわば彼らの精神的支柱になっていたことだろう。長い年月を経る間には環境によっては新たな神を獲得した邑《むら》や国もあったことだろうが、そう考えると各地の海辺の古社にはその痕跡として「海洋生活に関わりのありそうな神」がいくつか見出だされる。塩竈神社の塩椎神《しおつちのかみ》などは「潮の路」との意味からも代表的な海人族の神であろう。記紀神話では山幸彦の釣り針探索を務める根源神として登場する。他にも住吉神や綿津見神《わたつみのかみ》など少なからぬ「海の神」が全国各地の海浜の神社を中心に祀られているが、なかでもかねてより私が着目しているのは「瀬織津姫《せおりつひめ》」である。

瀬織津姫は、記・紀・万葉に一切記載されていない神であるにもかかわらず、この神を祭神としている神社は、全国に四〇二社存在する。ただしこれは、現時点で神社本庁に登録されている神社のみについての統計であるため、明治初期の神社合祀令によって消滅した数十万社に及ぶ神社や、未登録の地方の小社は調査の対象に含まれない。したがって相当数の欠落があるとご承知おき願いたい。ちなみに、この四〇二社についても、次に示しているように、そのうちの九二社は境内社となって居候《いそうろう》鎮座であって、本社であるのは三一〇社である。しかしながら境内社は、本社の近隣に鎮座していたものが摂末社として合祀されたと考えておおよそ誤りはないので、信仰の様相を検証するための母数とすることに不足はないと思われる。

▼瀬織津姫を祭神とする神社本庁登録神社の数
本社　……三一〇社
境内社　……九二社
合計　……四〇二社

このうち、鎮座地のランキングは左頁一覧の通りであるが、二〇社以上鎮座するのは五県のみで、岩手県（二四）、静岡県（三三）、兵庫県（二一）、鳥取県（二六）、岡山県（二五）である。

岩手県は関東・東北地域で最も広い県であり、東側のすべてが太平洋に接していることから、古くから海人族の入植があったとおもわれがちであるが、太平洋側には平地部がほとんどなく、内陸の北《きた》上《かみ》盆地に人口が集中していたこともあって、むしろ海人族との古い縁はあまりないばかりか、瀬織津姫を祭神とする神社も九世紀頃からようやく勧請されたものが多い。海側へ流れ出す河川はいずれも小規模で、必然的に港湾も小規模であったことも影響しているのだろう。したがって本書では岩手県は除外する。

静岡県が際立って多いのは、三島市、富士市、清水市、静岡市、掛川市、浜松市など港湾都市が連なっており、背後が信濃と接する山岳地帯であるところから、富士川、大井川、天竜川を始めとして大規模河川も少なくないため、古くから海人族が各地に拠点を構えており、ここに挙げた港湾都市すべてに瀬織津姫を祀る古社が鎮座している。とりわけ静岡市の湾岸には三分の一の一一社が鎮座しており、海人族の一大拠点になっていたことが察せられる。伊豆国には伊豆国造、遠江には遠淡海《とおつおうみ》国造、久努《くの》国造、素賀《すが》国造、駿河国には廬原《いおはら》国造、珠流河《するが》国造（金刺氏）がそれぞれ拠点を構えていた。

兵庫県、鳥取県、岡山県は、地続きの一体地域であって、日本海側と瀬戸内海側の両側が海に接していることもあって、三県の合計は七二社に及ぶ。摂津国の凡河内《おおしこうち》国造、因幡国の稲葉国造、伯耆国の伯岐国造、播磨国の明石国造（海氏）、針間国造、針間鴨《はりまのかも》国造、美作国の吉備中県《きびのなかつあがた》国造（三使部氏）、備前国の大伯《おおく》国造、上道《かみつみち》国造、三野《みの》国造。備中国の笠臣《かさのおみ》国造（笠氏）、加夜《かや》国造（香屋氏）、下道《しもつみち》国造。備後国の吉備品治《きびのほむち》国造、吉備穴《きびあな》国造（安那氏）らが拠点を構えていた。

大化の改新後に新たに律令制となり、国造はすべて中央政府により任命されることとなるが、任命

北海道	四社	東京都	一三社	滋賀県	一七社	香川県	九社
青森県	一社	神奈川県	一社	京都部	一九社	愛媛県	九社
岩手県	二四社	新潟県	一二社	大阪府	五社	高知県	六社
宮城県	四社	富山県	一二社	兵庫県	二一社	福岡県	一一社
秋田県	三社	石川県	三社	奈良県	一三社	佐賀県	〇社
山形県	四社	福井県	二社	和歌山県	一一社	長崎県	二社
福島県	一〇社	山梨県	二社	鳥取県	二六社	熊本県	〇社
茨城県	三社	長野県	一〇社	島根県	一〇社	大分県	四社
栃木県	二社	岐阜県	三社	岡山県	二五社	宮崎県	四社
群馬県	一社	静岡県	三三社	広島県	一一社	鹿児島県	一社
埼玉県	三社	愛知県	一三社	山口県	七社	沖縄県	〇社
千葉県	一社	三重県	一八社	徳島県	九社		

瀬織津姫を祭神とする神社本庁登録神社の県別鎮座数

国造より以前の国造は、そのほとんどが海人族出身である。また律令下でも海人族国造があらためて任命されることもあった。国府が置かれて以後は、国造は郡司に格下げし、制度上は国司が国造に代わって用いられたが、地方では依然としてもとの国造家が権威をもっていた例も少なくない。

ご覧のように岩手県のみは海人族との関わりが薄いが、静岡県地区と、兵庫・鳥取・岡山地区は、圧倒的な海人族拠点であって、いにしえより瀬織津姫信仰と海人族との深い関係のあったことが偲ばれる。

なお、九州では最北端の福岡県には一一社あるが、佐賀、熊本、沖縄には存在せず、他県においても四社以下である。しかしこの事実は九州沖縄地域は海人族との縁が薄いということではなく、別系統の海人族が定着していたのであろう。宗像神や宇佐八幡神、海幸山幸など代表的な海人族が依拠しており、東国に比べて、むしろより早い時期からヤマトとの関わりが発生している。

なお、これらの中でも、伊豆国造は三島大社の社家、稲葉国造後裔の伊福部氏は宇倍神社社家、加《か》夜《や》国造は吉備津神社禰宜《ねぎ》家であることは確認できている。

セオリツヒメの分布と海人族

「セオリツヒメ」の漢字表記は、各神社において掲上されているものだけで全三十二種（神社本庁登録のみ）存在している。

ただし『古事記』にも『日本書紀』にもその名をも見ることは皆無であって、「延喜式祝詞」の「六《ろく》月晦大祓《がつみそかおおはらえ》」（いわゆる大祓祝詞《のりと》の原文）のみに「瀬織津比咩」という表記で登場する。したがってこ

荒魂瀬織津姫神
瀬下津姫命
瀬織津日女
瀬織津日咩命
瀬織津比女神
瀬織津比女命
瀬織津比賣
瀬織津比賣神
瀬織津比賣大神
瀬織津比賣命
瀬織津比咩
瀬織津比咩神
瀬織津比咩尊
瀬織津比咩命
瀬織津毘賣命
瀬織津彦神
瀬織津彦命
瀬織津姫
瀬織津姫神
瀬織津姫尊
瀬織津姫大神
瀬織津姫命
瀬織津媛神
瀬織津媛命
瀬織津賣姫
瀬織都姫神
瀬織都姫命
瀬折津姫神
瀬折津姫大神
勢於理津姫命
速瀬織津比賣神
天瀬織津姫尊

「セオリツヒメ」の漢字表記一覧

この表記が最古で唯一無二のものと判断し、本書でも以後はこれを用いる。

　このうち二十八種は「瀬織」を使用。例外は瀬下、瀬折、勢於理の三種のみ。そして「津」は三十種において共通使用である。

　ヒメは姫、媛、比売、日女、比咩。

　すなわち表記における特徴は第一に「津」にあるということであって、「津《つ》」とはすなわち「港《みなと》」のことであるから、海に関係する人々の信仰する神であると考えるのが自然であろう。本書では、海人族が古来各地の「津」を目指して渡来していることはすでに繰り返し述べている。漢字利用以前の口語のみの時代であっても、使用者の認識は変わらないはずである。

消された神・瀬織津比咩

　瀬織津比咩は「記紀」にまったく記載がないのに、「延喜式」の「大祓詞《おおはらえことば》」にのみ登場する。この事実は、「記紀」において意図的に瀬織津比咩の名が削除されたことを意味する。なぜならば、大祓詞は祝詞《のりと》の中の祝詞とされる、祝詞の原点ともいうべきものであって、神に仕える者は、この祝詞を修《しゅう》することなくして神主にはなれない、神主でいられないほどの、いわば「保証」であって、口伝によって代々伝えられているものである。これを部分的にであっても改変や削除など誰にもできないだろう。

　ということは、大祓詞より後発の「記紀」にその名がないというのはきわめて不自然なことで、その理由を求めるならば、誰かが、何らかの理由で、削除したと考えるしかないだろう。

ちなみに瀬織津比咩が何者であるか解き明かすのは、さほど難しいことではない。これまで「瀬織津比咩は謎の神」と言われ続けて来たが、解き明かすヒントはその神名そのものに潜んでいるのであって、手掛かりは目の前にある。瀬織津比咩が謎の神と言われてきたのは、誰も本気で解き明かそうとしなかっただけのことで、そもそも神名の成り立ちから考察すれば謎であるはずがない。海に関わる神であるのはおのずから明らかであるが、すなわち、瀬が折れたところが津なのだという意味の名称であろう。あるいは、瀬を織り重ねたところが津であるという意味とも解釈できる。いずれにしても海人族が日本全国の主要な津（港）を拠点にしていたこと、またその津を守る神（一族には津守《つもり》氏という豪族もいる。住吉大社の社家）を氏神として祀ることで結束と連携を深めたのであろう。いまのように機械化された移動手段などなかったのだから、互いのコミュニケーションを図るためには長い年月を要したことだろう。おそらく何世代かは経たはずで、それだけでもアラハバキが個人名ではないことは確かなことである。

すなわち、御室の女体宮に祀られていた海人族の氏神は、セオリツヒメであった。

祭神をヤマトの神クシナダに替えて、氷川女体社となった。

もとの氏神セオリツヒメは、その名が示すように瀬を治め、津を守る神である。古来それが海人族の祭りである御船祭の神であったのだろう。

ヤマトの信仰に「まつろわぬ神」であったから、「氷川」となる際に名は隠されることとなったが、海人族の氏神は「まつろわぬ」がゆえに消されたのだ。「延喜式神名帳」にその名がないのは、その時点で女体社は依然として「まつろわぬ神」であったことを意味している。

二枚の絵図が示している歴史的事実

『新編武蔵風土記稿』の足立郡、ここに「見沼《みぬま》」を中心とした界隈の絵図が二枚連続して掲載されているのだが（一四五頁）、同じ地域の図面である。ただし正保年中と元禄年中それぞれの改定図で、両者の間にはおおよそ四十年が経過しているものである。なぜこのようなことをしたのかというと、二枚の間には明らかな相違点があり、それは重要な意味を持っているからだと考えられる。

【正保年中改定図】（一六四五～一六四八年）

この図面においては、「三室村」「女体権現」「鳥居マーク」の表示はあるが、高鼻の地名も氷川神社の社名も見当たらず、そのあたりには「大宮町」とあるのみである。

ちなみに本文「三室郷」の項には「三室村女體権現大永四年（一五二四年）ノ文書ニ見ユ」とある。

【元禄年中改定図】（一六八八～一七〇四年）

ところが、その約四十年後のこちらの図面においては、「三室村」と「神社絵」はあるが女体社の文字はなく、新たに「高鼻村」「氷川神社」「神社絵」とが出現し、界隈広域を「大宮」としている。

ちなみに本文「簸川郷」の項に「是モ同書（「風土記」）に載ス猶氷川神社ノ下ニ出ス」とある。

この二枚の図面が連続掲載されているということは、この約四十年間で、「高鼻村」という地名と、そこに「氷川神社」という社名の神社が新たに出現したことを示すためのものであるとしか考えられないのではないか。しかも女体権現（女体社）の名は隠された。このことに「風土記」の編纂者は重大な意味を込めているとしか思えない。

なおこの四十年間にあった事件と言えば、出水内記の門客人社社人就任と、彼による祭祀の劇的な変更、そして彼の追放があった。「風土記」はこの件にまったく触れていないが、無言のうちにこれを示唆しているということになるだろう。

そもそも、もしそれ以前にも高鼻村や氷川神社が存在していたとするなら、その四十年前に何の痕跡もないというのはきわめて不可解で、ましてそれが「地名」であり「神社」であるなら、なおさらで地名や神社が一時的に消えていて、数十年後には突然よみがえるなどということはありえないだろう。なにしろ「風土記」は公式文書なのである。

ということは、高鼻村も氷川神社も、この四十年ほどの間に新たに出現したと考えるべきだろう。そしてそこは、正保図では「大宮町」とのみ記されていたのだ。

では、その七百年ほど前の「延喜式神名帳」（九二七年成立）に記された「足立郡　氷川神社（名神大社）」とは何か。本書でもすでに紹介した通りであるが、『新編武蔵風土記稿』は、そのようなものは存在しないと言っていることになる。

しかし実は、答えはそれほど難しいものではない。武蔵一宮・大宮氷川神社は、現在地である高鼻

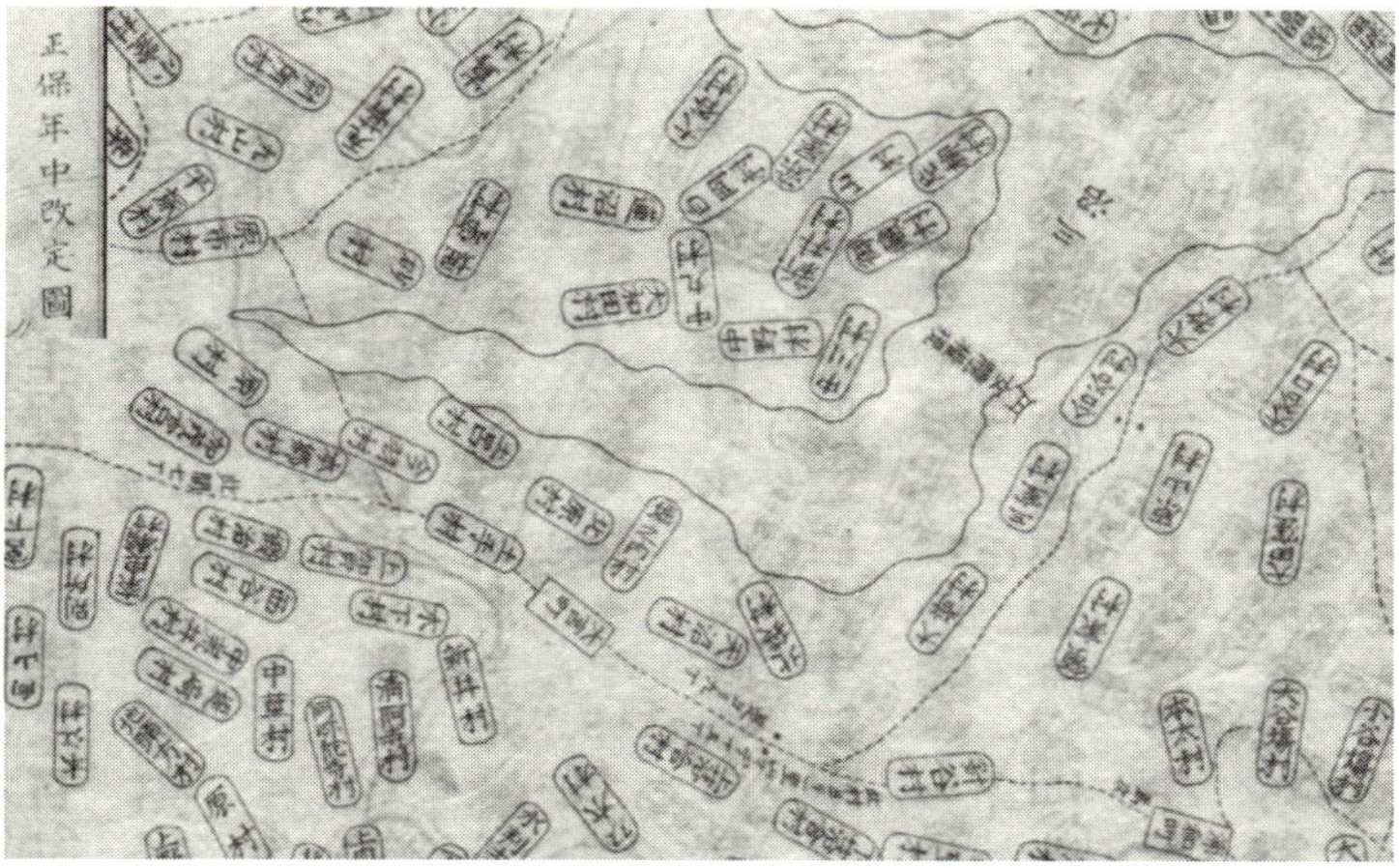

正保年中改定図（1645～48 年）部分拡大図（国立公文書館デジタルアーカイブより）

元禄年中改定図（1688～1704 年）部分拡大図（国立公文書館デジタルアーカイブより）

に古来存在していたと私たちが勝手に思い込んでいるだけで、事実は「正保年中改定図」が示している通り、足立郡の中心（三室《みむろ》）には古来「女体権現」が鎮座していたのである。そして女体権現がみずから「武蔵一宮」であると称しているように、当地においては第一の神であった。

したがって「延喜式」に記されている「氷川神社　一社一座」とは、女体権現のことであるだろう。おそらく当初は「火河権現（簸川大明神）」等と呼ばれており、海人族たちが古くから崇める氏神（女性神）であったのだろう。

ヤマトが大宮村高鼻にスサノヲを主宰神とする神社を創建して、「火河神社」と名付け、アラハバキを封じたのは、はるか後世のことである。それまではアラハバキ社のみがあって、人々に崇敬され、そのゆえにここは「大宮町」と呼ばれていたのだろう。

『式内社調査報告』に、氷川の例大祭は祇園御霊会《ぎおんごりようえ》であるから、主祭神はスサノヲであるのが妥当と鈴鹿千代乃氏が記しておられるが、それでは現状の追認にしかならず、むしろスサノヲは後から祀られたことになるだろう。そもそも御霊会が神泉苑において初めて実施されたのは貞観五（八六三）年であるから、氷川にスサノヲが祀られたのは少なくともそれ以後ということになり、神社側が公表している創建年（第五代孝昭天皇の御代三年創立）に大きく遅れることになる。

公式発表はともかくとしても、祇園会そのものが氷川（火河）創建よりはるか後世のものであるから、氷川が創建時からスサノヲを祀っていたとの証明にはならない。

なお、すでにそれ以前にアラハバキ＝海人族の祭りとして「火剣祭」がこの地ではおこなわれている。祇園会は、出水内記が火剣祭を隠すために延宝四（一六七六）年になってから採用した祓えの祭であろう。

では正保図の「大宮町」とは何かというと、すでに述べたように、氷川神社は存在しないが、これこそは「アラハバキ社」単独の存在を示すものであるだろう。朝廷も幕府も認めて来なかった「まつろわぬ神」が民によって祀られ、人々から「大いなる宮」として崇敬されて来た。長い間にそれは地名として定着したが、アラハバキ社は官社ではないため、幕府への忖度《そんたく》もあったのであろう。結果として当時の編纂者による「風土記」には記載されなかった。

そして「高鼻」は、正保の図に書かれてはいないが、「大宮町字高鼻」のような一地区名として存在していたのであろう。正保年間までは高鼻には特に何もなかったからでもあろうが、それが元禄年間には氷川神社が創建される場所になる。そして元禄図には「高鼻村」の地名が出現し、高鼻村を含めた数カ村とともに「大宮」として新たにくくられている。ここに現在まで続く「武蔵一宮・大宮氷川神社」が誕生したのだと考えられる。

その結果が、寛政二（一七九〇）年の「武蔵国一宮氷川神社宮中絵図面」に示されたものである。

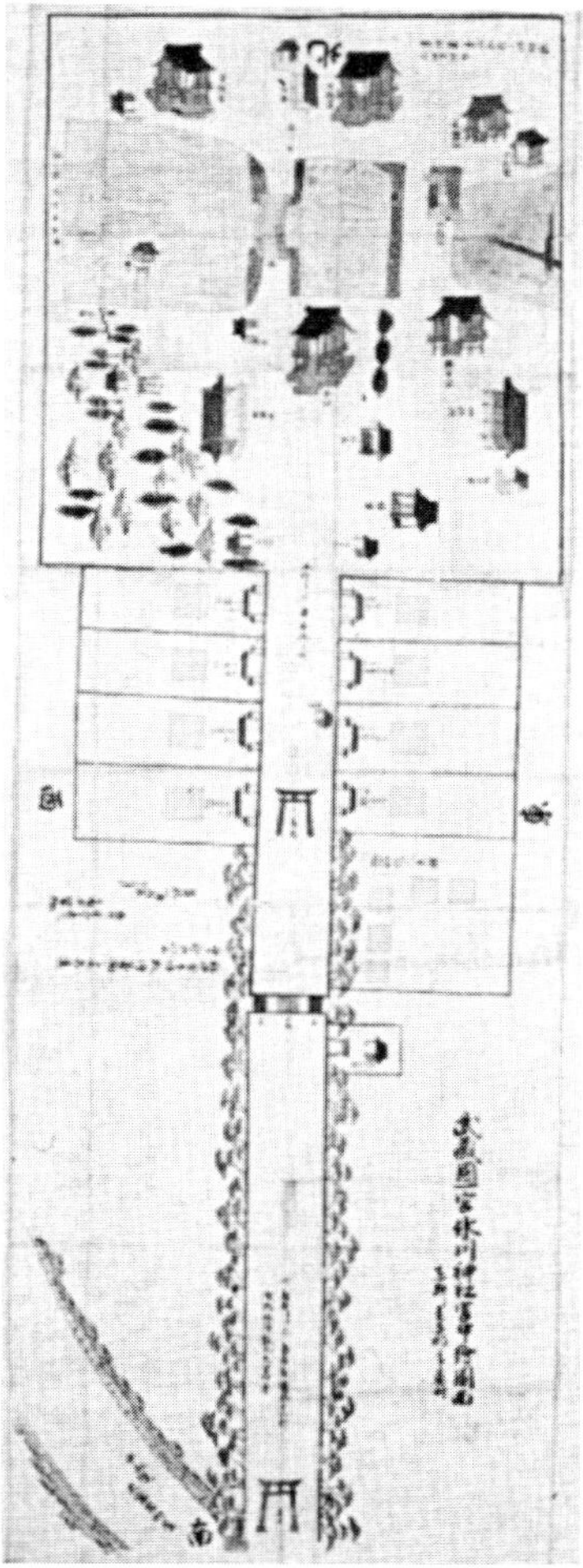

「武蔵国一宮氷川神社宮中絵図面」 寛政二（1790）年（『北足立地方の文書Ⅰ 西角井家文書』埼玉県立文書館 所収）

ここにアラハバキ社も女体社も吸収されて、新たにスサノヲとオオナムチを加えて堂々たる大宮氷川神社を創建したのだ。これが明治初年（一八六八）まで続くこととなる氷川神社である。

アラハバキと丹党

丹党は氏神を武蔵二宮である金佐奈神社（金鑽表記は「延喜式」以後のもの）としていたところから、无邪志《むさし》国造と密接なつながりを持っていたが、地理的には知々夫《ちちぶ》国造とも関係が深く、アラハバキ全体の経済力・軍事力の一翼として古くから主力であったと考えられる。その証は、文字通り「丹」にあった。

丹党は、丹朱（辰砂）を遠い都の朝廷に献上するのではなく、大宮のヒカワに献上していたと考えられ、そのゆえに国史に献上の記録がないのは、朝廷への献上はおこなわずに、ヒカワの王へ献上していたことの反証であろうか。その結果が氷川女体神社である。

女体神社の本殿は全体が朱色に塗られている。現在は朱漆であるが、古代においては丹朱であったと考えられる。その伝統は鎌倉時代になっても失われず、丹朱は比企氏経由で鎌倉殿へも献上され、鶴岡八幡宮も朱色に染め上げられた。

白黒印刷ではわからないが、次頁の女体神社本殿は屋根から壁面に至るまでくまなく朱色に塗られている。

氷川が、アラハバキの鎮座地を乗っ取る際に、アラハバキ神をアラハバキ神社として本殿脇に遷宮したのは妥当であろう。征討して勝者となった証でありつつ、もとの地主神として尊重する形になっている。しかし後年、そのアラハバキ神社を門客人《もんきゃくじん》神社と名称変更して、祭神を櫛磐窗神・豊磐窗神、さらに足摩乳命《あしなづちのみこと》・手摩乳命《てなづちのみこと》に変えたのは、東国からヤマトへと王権が遷ったことの宣言であろう。そしてこれをおこなったのは、スサノヲでもオオナムチでもなく、はるか後世のヤマト人である。

あらためて断言しておくが、門客人神社にアラハバキはいない。門客人神社と名を変え、祭神を櫛磐窗神・豊磐窗神に変えた時点で、アラハバキはこの地から排除されたのだ。スサノヲはアラハバキ神社として手厚く祀ったが、後世に国造として任命された者が、朝廷の意向のもと、アラハバキを消し去ったのであるだろう。

隅々まで朱色に塗られた氷川女体神社の本殿（現在は朱漆）

なお、日本には約十六万基の大規模古墳が全国に存在する（コンビニエンスストアが約五万七千軒／二〇二四年現在、であるから、実にその三倍もの数に上る）。

いわゆる「周知の古墳」がその母数となるが、これは文化庁が「周知の埋蔵文化財包蔵地」の一つとして認定しているもので、墳丘を持ち、大半は古墳時代に築造されたものである。アラハバキが国造であるならば、その死後に墳墓に埋葬されたはずであるから、関東・東北地方のいずれかの古墳がそれということになる。さらに、その中の約五千基が前方後円墳であるから、スサノヲもアラハバキもその陵墓は前方後円墳であるだろう。

ちなみに、埼玉県には四十基、東京都には九基、神奈川県（東北部・武蔵国圏）には四基ということで、武蔵国には五十三基の前方後円墳が存在している。

なお、埼玉《さきたま》古墳群には二十三基の前方後円墳が存在しているが、その一群の中に丸墓山《まるはかやま》古墳という日本最大級の円墳が存在している。直径が一〇五メートルで、他の前方後円墳に勝るとも劣らない巨大なものである。円墳は前方後円墳が発生する前の段階の形態と考えられるので、スサノヲに討伐された武蔵の王族の一人が被葬者であろうと思われる。また、私はすでに拙著『スサノヲの正体』において、スサノヲの陵墓を埼玉古墳群の一つであろうと推定しているが、それならば同時期に相対していたアラハバキも関東・東北のいずれかの古墳に埋葬されていると推察される。

なお、前方後円墳の最北端は岩手県奥州市の角塚古墳で、陸奥には国造が数カ所に並立していた時期が長いが、とくに勢力の強かった国造が被葬者であるだろう。

最後になったが、大宮氷川という地において、奇しくも、海人族の拠点と、ヤマトの拠点が同一の場所として重なっていることに読者は不思議な思いをもたれるやもしれない。なにしろ海人族は狩猟漁撈民族であって、ヤマトは水稲耕作民族である。本来であればこの両者の拠点が地理的に同一の場所を求めるわけがないからだ。

ところが、この大宮という場所は、これまで繰り返し述べてきたように海人族が進出してきた当時は海辺であって、三室《みむろ》、中山、高鼻はその海に突き出した突堤の先端であった。つまり船着き場として持って来いの地理であったのだ。それゆえに御船祭が船上で開催されている。

しかしその後、寒冷化の進展とともに海は後退し、浅瀬は広大な湿地帯となり、水稲耕作に最適の地理・見沼となる。ヤマトはこれを広大な水田と成して統治することとした。

そのような次第で、海人族の聖地は、ヤマトの聖地に変換されたのだ。

（＊三室、見沼と記しているものは後世の表記であって、この時点では本来の御室、御沼であるのだが、読者への理解に混乱をきたさぬように後世の表記を用いている。）

この時に、ヤマトは「国造氏族」と「神社信仰」を完全掌握した。それまですでに、西国の尾張氏や海部氏を支配下に組み込んでいたが、東国を統括するアラハバキは、海人族ネットワークの最後の砦だったのだ。その後も小さな小競り合いは東国各地で散発するが、アラハバキを抑えたことによって、ヤマトの全国制覇は基本的に完成したといえるだろう。「国造本紀」には、**六世紀以前に存在した陸奥の国造十氏**について、神別氏族が派遣されて設置された（成務朝から応神朝の期間）と記されているが、実際には「派遣したことにした」もので、事実はそれ以前からすでに国造として自立していたものであるだろう。ヤマタノオロチの正体は、アラハバキのもとで利根川荒川水系で繋がっていた海人族の国造たちのことである。

第五章　八氏族の正体

つくられた家系

国造八氏（最終的には二十一氏）は、ヤマトへ服属した報奨として『古事記』『新撰姓氏録』その他に名門氏族として明記された。そこに記された彼らのルーツは、記紀神話の神を祖先神とするものと、初期の天皇の皇子を氏祖とするものになっている。

しかしその源流は、ほとんどが古くに渡来した海人族《あまぞく》系の氏族である（毛野《けの》氏は百済系渡来人）。

以下に列挙しよう。一～八の氏族は、利根川・荒川水系すなわちアラハバキ連合の国造家である。

一、无邪志《むさし》国造（秩父を除く武蔵国／荒川／兄多毛比《えたけひ》命の後裔と称す／**氷川神社社家**）

二、知々夫《ちちぶ》国造（武蔵国秩父郡／荒川／八意思兼《やごころおもいかね》　神の後裔と称す／**秩父神社社家**）

三、阿波国造（安房国西部／荒川／大伴直大瀧の後裔と称す／**安房神社社家**）

四、印波《いんば》国造（下総国中部／荒川／伊都許利《いつこり》命の後裔と称す／後裔の太田氏は**麻賀多神社社家**）

五、茨城国造（壬生氏）（常陸国中部／那珂川・鹿島灘／筑紫刀禰の後裔と称す／奉祭社不明）

六、上毛野《かみつけの》国造（上野国＝群馬県／利根川／百済系渡来人／彦狭島《ひこさしま》命の後裔と称す／赤城神社？）
七、下毛野国造（下野国＝那須を除く栃木県／利根川／百済系渡来人／奈良別《ならわけ》王の後裔と称す／宇都宮二荒山神社？）
八、那須《なす》国造（下野国北部／利根川／大臣命の後裔と称す／鎌倉幕府御家人／奉祭社不明）
（＊茨城国造以下は、社家としての経歴は不詳であるが、国造であるからには当該地の一宮と何らかのつながりがあったと推測される。）
　利根川・荒川水系以外の国造家。
九、師長《しなが》国造（＊磯長《しなが》・丈部《はせつかべ》とも）（相模国／寒川《さむかわ》／意富鷲意彌《おおわしおみ》命の後裔と称す／一族の宗我部氏は大國魂神社社家）
十、伊豆国造（伊豆国／駿河灘／若建《わかたける》命の後裔と称す／**三島大社社家**）
十一、甲斐国造（甲斐国／笛吹川・富士川・駿河湾／塩海宿禰《しおみのすくね》の後裔／**浅間《あさま》神社社家**）

ちなみに、ヤマトへ服属の後に、皇別の地位を得るために、渡来系の氏族が皇族の王や姓氏を氏祖名として獲得する（名乗りの許可を得る）ことは珍しいものではなかった。とくに海人族系の国造に見られる現象で（新たなルーツを獲得する海人族）、朝廷側も地方統治の便法の一つとして黙認していたのだと思われる。これらの国造氏族らは支族も含めて鎌倉武士団に引き継がれることになる。

さらに、以下は六世紀以前に存在した「**陸奥の国造十氏**」。

十二、白河国造（陸奥国南部＝福島県域南西部白河郡／那珂川／鹽伊乃己自《しおいのこじ》直の後裔と称す）
十三、石背《いわせ》国造（陸奥国南部＝福島県域中西部磐瀬郡／那珂川／建彌《たけみ》依米《よりめ》命の後裔と称す／**石背国造神社社家**）
十四、道奥菊多《みちのおくきくた》国造（後の菊多郡）、
十五、陸奥石城《いわしろ》国造（磐城郡／中臣氏の前の**鹿島神宮社家**。）
十六、染羽《しめは》国造（標葉《しめは》郡）
十七、浮田国造（宇多郡）
十八、思国造（思太《しだ》の誤りか）、
十九、阿尺《あさか》国造（安積《あさか》とも）（陸奥国安積郡／岩木川）、丈部《はせつかべ》氏／**安積国造神社社家**
二十、信夫《しのぶ》国造（信夫郡）、
二十一、伊久《いく》国造（伊具《いぐ》郡）

ここまでふれてきたように、ヤマトは「国造氏族」と「神社信仰」をこの時に完全掌握した。それまでですでに、西国では尾張氏（熱田神宮社家）や海部《あまべ》氏（籠神社《このじんじゃ》社家）、出雲氏（杵築大社《きつきのおおやしろ》 社家）、宇佐氏（宇佐神宮社家）などの海人族を支配下に組み込んでいたが、東国を統括するアラハバキは、海人族ネットワークの最後の砦だったのだ。

その後も小さな小競り合いは東国各地で散発するが、アラハバキを抑えたことによって、ヤマトの全国制覇は基本的に完成したといえるだろう。「国造本紀」には、**六世紀以前に存在した陸奥の国造十氏**について、神別氏族が派遣されて設置された（成務朝から応神朝の期間）と記されているが、「派遣したことにした」もので、事実はそれ以前からすでに国造として自立していたものが、この時に服属したものであるだろう。（＊『先代旧事本紀』第十巻「国造本紀」は、国造家一三五氏を明記伝承している。）

アラハバキが統治していた「東国」とりわけ「一宮」によって信仰教化されていた国はこれですべてではなく、まだまだ曖昧な部分があちこちに残存している。「国造本紀」はそれらの手掛かりを今に残す貴重な資料である。

いずれにしてもアラハバキ傘下の東国の規模たるや、ヤマトにとっても建国以来最大の版図であることは間違いないだろう。これを簒奪したのであるから、その怨念はわれわれの想像をはるかに上回るものだろう。それだけに東国の国造を掌握したスサノヲの功績は、なにものにも代えがたいものであったが、それからまもなく、ヤマト朝廷はスサノヲの後継者となった大己貴《おおなむち》（大国主《おおくにぬし》・大国魂《おおくにたま》）を討滅して、東国を完全掌握し、直轄統治とした。これが古事記神話に描かれた「オオクニヌシの国譲り」である。

オオナムチの御霊は杵築大社《きつきのおおやしろ》（後の出雲大社）として出雲に封じて祀った。杵築の祭神はそれまでスサノヲであったが、この時にオオナムチに替えた。スサノヲはその背後に素鵞社《そがのやしろ》として遷し祀った。オオナムチの御霊を封印するための後見である。

そしてヤマトは、スサノヲの御霊《みたま》を大宮氷川神社として武蔵に祀り、そのすぐ前に荒脛巾神社を遷し祀った。当初、杵築大社がそうであったように。

▼東の守護＝氷川神社×荒脛巾神社
▼西の守護＝素鵞社×杵築大社

東西の怨霊封じとしての国家鎮護は、これによって完成した。

アラハバキの東国統治の終焉と、国家祭祀としての怨霊封じ

ヤマト朝廷のもとに全国統治となってからも、東国の一宮等は各国の信仰を統括する根源社であり、アラハバキ系の国造がほとんどの社祠を主宰していた。これは律令によって法的に統治体制が整備されても、実態はアラハバキ時代と大きくは変わっていなかったことを意味する。東海道と東山道の根源社とそれに準ずる社祠を今に続く古社大社としてここに挙げておく。ヤマト政権の実質的な統治拠点であるが、そのほとんどは海人族が国造として立ち上げて維持統治してきた国である。

【東海道の根源社／一宮八社＋三宮他二社】

▼武蔵国（大国）**氷川《ひかわ》神社**（一宮・名神大社）埼玉県さいたま市大宮区
▼安房国（中国）**安房《あわ》神社**（一宮・名神大社）千葉県館山市大神宮
▼上総国（大国）**玉前《たまさき》神社**（一宮・名神大社）千葉県長生郡一宮町一宮
▼下総国（大国）**香取《かとり》神宮**（一宮・名神大社）千葉県香取市香取
▼常陸国（大国）**鹿島《かしま》神宮**（一宮・名神大社）茨城県鹿嶋市宮中
▼甲斐国（上国）**酒折《さかおり》宮**（とくになし）山梨県甲府市酒折
▼相模国（上国）**寒川《さむかわ》神社**（一宮・名神大社）神奈川県高座郡寒川町宮山
▼伊豆国（下国）**三嶋《みしま》大社**（一宮・名神大社）静岡県三島市大宮町

▼駿河国（上国）**富士山本宮浅間《ふじさんほんぐうせんげん》大社**（一宮・名神大社）静岡県富士宮市宮町

▼尾張国（上国）**熱田《あつた》神宮**（三宮・名神大社）愛知県名古屋市熱田区神宮

【東山道の根源社／一宮六社】

▼上野国（大国）**一之宮貫前《いちのみやぬきさき》神社**（一宮・名神大社）群馬県富岡市一ノ宮

▼下野国（上国）**日光二荒山《ふたらさん》神社**（一宮・名神大社）栃木県日光市山内

▼陸奥国（大国）**志波彦《しわひこ》神社**（名神大社）宮城県塩竈市一森山

鹽竈《しおがま》神社（一宮）右に同じ

都々古別《つつこわけ》神社（**八槻都々古別神社**）（一宮・名神大社）福島県東白川郡棚倉町八槻大宮

▼出羽国（上国）**鳥海山大物忌《ちょうかいさんおおものいみ》神社**（一宮・名神大社）山形県飽海《あくみ》郡遊佐《ゆざ》町大字吹浦《ふくら》字布倉

四国から海路「麻」を伝えた天富命《あめのとみのみこと》

陸路で東国とヤマトが対立していても、日本列島を巡る海路は海人族によってほぼ変わらずにネットワーキングされており、その痕跡は東国関東の各地にも色濃く反映されている。その代表的事例の一つが安房国《あわのくに》（房州・千葉県南部）である。安房国の「あわ」は元は「阿波」であって、阿波国から黒潮に乗って移住してきた人たちが建国したゆえであるとされる。『古語拾遺』には、四国の阿波忌部《あわいんべ》氏が遷ったことに由来するとある。

忌部氏には四系統あって、その出自ははっきりしないが、少なくとも阿波忌部氏は南方系の渡来海人族に由来する血統と考えられる。阿波から安房へと遷るために黒潮を活用しているのは、南方系の海人族の特徴でもあるからだ。

阿波には古くから麻が自生しており、縄文人は暮らしの中に取り入れていた。渡来の忌部氏はそれを組織的に栽培するよう指導し、朝廷の祭祀にも深く関わった。安房（南房総）にも古くから麻は自生しており、こちらもやはり古くから暮らしの中に取り入れられていた。縄文時代のことである。

忌部氏は阿波で培った技術を部民ともども安房に持ち込み、祭祀の根幹に関わる麻の組織的生産を一手に掌握した。なお、安房の地名はアワビを献上したことに由来するとの説もあるが、安房が忌部氏によって麻の一大産地となったことには何ら変わりはない。

こうして歴史を振り返ってみると、忌部氏は「麻」をもって祭祀族として朝廷に深く関わったが、「麻」は残り、忌部氏は消えた、ということになる。つまり、忌部氏は縄文から続く「麻」の文化を朝廷に根付かせ、現代に続く神道の根幹となすことがその歴史的役割であったのだろう。後発の安房忌部氏は、いわばその集大成であったのかもしれない。安房神社の祭祀形態はそれを示唆している。

▼安房《あわ》神社（安房国一宮）千葉県館山市大神宮（旧安房国安房郡）

【祭神】

上の宮（本宮）

天太玉命《あめのふとたまのみこと》（配祀）天比理刀咩命《あめのひりとめのみこと》（妃神）

忌部五部神

櫛明玉命《くしあかるたまのみこと》　出雲（島根県）忌部の祖。装飾・美術の神。

天日鷲命《あめのひわしのみこと》　阿波（徳島県）忌部の祖。紡績業・製紙業の神。

彦狭知命《ひこさしりのみこと》　紀伊（和歌山県）忌部の祖。林業・建築業・武器製造業の神。
手置帆負命《たおきほおいのみこと》　讃岐（香川県）忌部の祖。林業・建築業・武器製造業の神。
天目一箇命《あめのまひとつのみこと》　筑紫（福岡県）・伊勢（三重県）忌部の祖。金属鉱業の神。

下の宮（摂社）
天富命《あめのとみのみこと》　天太玉命の孫神。
天忍日命《あめのおしひのみこと》　天太玉命の兄弟神。

『安房の国一の宮安房神社略記』に以下の記述がある。
「房総開拓の神として下の宮に祀らるる天富命は、天太玉命の御孫にあたらせられ神武天皇の重臣に坐す。天富命は、勅命を体して四国阿波国忌部族の一部を割いて海路東方に沃土を求められ、最初に占拠されたのが房総半島の南端、即ち現在の安房神社の鎮座地であって茲《ここ》に本拠地を定めて祖神天太玉命の社を建てた後、次第に上総・下総に進み房総半島に麻穀を播殖しその産業地域をひろめられたのである。」（＊傍線筆者）

ちなみに「アワ（アハ）」とは阿波、安房ともに同音であって、忌部氏の管轄となったことにより名付けられたとされる。
では、そもそも阿波はなぜ「アワ（アハ）」なのかといえば、古来この地が粟《あわ》の生産に適していたからであろう。そして粟は、稲の栽培が盛んになるはるか以前より、最も重要な産物の一つであり、太陽の恵み、大地の恵みの最たるものであり、すなわち神前に供えて感謝する象徴となる産物であった。そしてその名残は、天皇みずから執りおこなう宮中祭祀の大祭である大嘗祭《だいじょうさい》において、供えるものが稲と粟であることにも示されている。これはすなわち、弥生と縄文の統合祭祀であるだろう。そして東国の安房も、縄文時代から粟が収穫されていたはずで、アワビのような稀少な産物よりも、全土で広く豊かに収穫される粟のほうがより象徴的にこの風土を体現しているように思われる。

「海から出現」と伝えられている玉依姫命《たまよりひめのみこと》

上総国一宮の**玉前神社**《たまさき》は、その唯一の祭神である玉依姫命《たまよりひめのみこと》は「海から出現上陸した」と伝えられており、海人族の神であることは明白である。

▼玉前神社　千葉県長生郡一宮町一宮（旧上総国長柄郡）

【祭神】玉依姫命

玉依姫命は、豊玉姫命《とよたまひめのみこと》から託された鵜葺草葺不合命《うがやふきあえずのみこと》を養育し、成長した鵜葺草葺不合命と婚姻し、神武天皇（初代天皇）を産んだとされる。すなわち神武の母であるから、最初の国母である。

安房神社は房総半島の突端に鎮座しているが、玉前神社は同じ房総半島の太平洋岸、九十九里浜の南端に鎮座している。これは黒潮の同じ流れに由来するということであろう。安房国が阿波忌部一族によって支配されているので、その北側の上総（房総の上側《かみ》）を領地としたものだろう。黒潮を活用していたことから考えて南方系の海人族には違いないが、伝承にしたがえば、豊玉姫命も鵜葺草葺不合命も日向から大隅あたりに由縁があるので、そちらの出自であるのかもしれない。

ただ、もしそうだとすると、神武天皇は上総の出自ということになるが、あくまでも、母・玉依姫命の縁ある地ということなのだろう。玉依姫命はこの地で神武を生んだのか、それともどこかで生んでからこの地へ現れたのか、そこまでは伝えられていない。

地理的に海人族拠点のはずなのだが？

忌部氏と拮抗して、最終的に朝廷祭祀を奪取したのは中臣氏（藤原氏の本家）であるが、中臣氏は房総半島の北側が本貫地であった。関東平野の東海岸を象徴する場所であるから、アラハバキと無関係であるとは考えられないのであるが、なぜかその痕跡が見当たらない。
▼香取《かとり》神宮（下総国一宮）千葉県佐原市香取（旧下総国香取郡）
【祭神】経津主大神《ふつぬしのおおかみ》
▼鹿島《かしま》神宮（常陸国一宮）茨城県鹿嶋市宮中（旧常陸国鹿島郡）
【祭神】武甕槌大神《たけみかづちのおおかみ》

下総国と常陸国は境を接して隣り合う国であるが、それぞれの一宮である香取と鹿島も、北端と南端に鎮座して、ほとんど隣り同士（というか向かい合わせ）である。しかも共に中臣氏の氏神で、中臣氏が祀職を務めているのであるから、別々である意味はほとんどない。それぞれの呼称も、もとは香鳥・香島であってよくある近隣地名で、区別するために意図的に改字したように思えなくもない。中臣氏は中臣鎌足の活躍で突然歴史の表舞台に登場するが、最も古い血筋の一族の一つである。鎌足の父も鹿島神宮の祀職であったが、鎌足の子孫のみが藤原氏となり、それ以外は中臣氏（大中臣・仲臣）のままである。

中臣とは、神と人との中を取り持つ者、という意味を込めたものであろう。この名は祭祀職そのものを示しているので、家業としての矜持を持っていたのだろうと推測される。そして両社ともに、現在もなお中臣氏の子孫が代々祭祀を司っている。ということは、中臣氏も海人族の出自と考えられるのだが、一族の膨大な記録の中にそういった関係のものは見当たらない。最初からないのか、後から消されたのか不明である。

また、徳川による利根川東遷工事がおこなわれるまでは、古《ふる》利根川は元荒川と合体して江戸湾に流れ込んでいたので、鹿島・香取と氷川は河川連結はしていない。海岸線を伝っての連絡ということになると、房総半島全体を南端まで迂回しなければならないので、それでは陸路の方がむしろ現実的であるだろう。

なにしろ連結したのは、利根川東遷工事以後であるから、すでにアラハバキもいなければ、関東全域の国造も消滅しており、鹿島・香取の庇護者でもある藤原氏は平安京に取り残されている。

鹿島神宮には、スサノヲがヤマタノオロチ退治に使った「十握剣《とつかのつるぎ》」（とされている剣）が展示されていて誰でも拝観できる。展示ケースに収まっているそれは、なんと二七一センチメートルもの長さの直刀で、茨城県で唯一の国宝である。「十握」どころか「二十握」はありそうだ。この世ならぬ神話の世界を彷彿とさせる造形である。

ちなみに、三種の神器の一つである草薙剣は、熱田神宮の本殿に厳重に納められていて、もちろん一般に見ることはできない。こちらはスサノヲがヤマタノオロチを退治した際にその尾の中から獲《え》たとされるものである。

そして鹿島神宮の「十握剣」こそは、その尾を切り裂いた、つまりヤマタノオロチを退治した須佐之男命の愛用の剣である（とされる）。

しかし前章でも述べたように、ヤマタノオロチの尾を斬った際に、十握剣の刃は欠けたのだ。つまり、十握剣は銅剣であって、ヤマタノオロチから出てきた剣は鉄剣であるから、これでは逆であろう。鹿島の剣こそがオロチの体内刀であり、熱田の剣はスサノヲの佩刀でなければ論理的に整合しない。

しかも、本書ですでに述べたように、アラハバキ一族は製鉄に長けているのだから、鉄剣でないはずがない。つまりいくつもの証拠が示しているのは、鹿島の剣がスサノヲの十握剣というのも、熱田の剣がヤマトタケルの草薙剣だというのも事実ではないということである（両者ともに工芸品として第一級のものではあるが、それとこれとは別問題である）。とりわけ鹿島神宮の神宝となっているのが銅剣ではなく鉄剣であるというのは、当社が本来は海人族の神だったからなのではないかと推測せざるを得ない。

鹿島神宮・一之鳥居（所在地・鹿嶋市大船津沖）

「古来、西の一之鳥居の建つ大船津は水運による経済や文化の要衝であると同時に鹿島神宮参拝の玄関口であり、江戸時代に歌川廣重の『六十余州名所図会』にも描かれ水上鳥居としてその景観が親しまれていました。」
と、鹿島神宮ホームページに書かれているのを見ても、この地は古代から明らかに海人族の入植によって栄えた港湾都市である。そうであるなら、祭神がヤマトの神のみであるのは、これも聖地の簒奪ということになるのではないだろうか。ただし、それはヤマト朝廷の意向ではなく、ひとえに中臣一族によるものということになるだろう。

海人族の二神を祀る古社・寒川神社《さむかわじんじゃ》

相模国《さがみのくに》一宮の**寒川神社**《さむかわじんじゃ》は、寒川比古命《さむかわひこのみこと》と寒川比女命《さむかわひめのみこと》の二神を祭神とするが、いずれも「記紀」に登場しない独自の神名である。社伝によれば、創建は雄略天皇の時代までさかのぼるもので、屈指の古社であるが、社名の由来も、祭神の由来も、実はいまだに謎である。

▼寒川神社　神奈川県高座郡寒川町宮山（旧相模国高座郡）

【祭神】　寒川比古命　寒川比女命

古くから相模国を主宰していた師長《しなが》国造（磯長《しなが》・丈部《はせつかべ》とも）が当社を奉祭していたのではないかと私は考えているが、それについての証左も今のところ見つかっていない。

ただ、「寒川」という地名・社号が「氷川」と同様、意図的に卑字に置き換えられたものと考えられるため、社名も祭神名も政治的な争闘の名残が漂っている。

鎮座地は神奈川県高座郡寒川町宮山であるが、このあたりは特に「寒い」地域ではない。まして古代においては今よりはるかに温暖で、太平洋岸を黒潮が流れているところからも、寒いはずのない地域である。つまり、「寒」の文字は政治的な当て字であるだろう。

そもそも寒川は、「さむかわ」と呼び習わしているが、古い記録では佐河神社・佐河大神などの表記も見られ、これは海人族由来の神であると思われる。つまり元々は「さがわ」あるいは「さが」と読んでいたはずで、国名の「相模《さがみ》」は、これもむろん当て字であって、もとは「さ・かみ」であろう。佐河比子・佐河比女ともに、水由来の海人族の神であろう。

相模の語源には賀茂真淵による「身狭上《むさかみ》」説や、本居宣長による「佐斯上《さしがみ》」説などあるが、私はそれらを採らない。いやしくも国名が、その程度の語彙変化で落着あるいは永続固定するものではなく、そこに歴代の統治者を納得させるだけの重要な由縁が込められていなければならないだろう。そしてその意味とは、「祭祀」との関わりであろう。古代においては、信仰・祭祀こそが統治の根幹であった。ならば、国名にそれが体現されていてこそ誰もが納得するものになるだろう。

佐河神社・佐河大神が本来の名称であるとするならば、その国は「佐河の神」の国である。つまり「さがわ・かみ」「さ・がみ」の国である。「さ・がみ」に相模の文字を当て、「さ・がわ」に「寒川」の文字を当てたことで、由来が不明になってしまったが、これが真相であるだろう。神体山の神嶽山《かんたけやま》に降臨したのは佐河比古と佐河比女の二神であって、この地こそは「佐神《さがみ》」の国の発祥地である。

縄文人と海人族とが交錯する東山道の神々

東山道は律令制度によって整備されたが、すでにそれ以前から東国とヤマトを繋ぐ幹線道路として貫かれていた。西は近江国（滋賀県）から、東は陸奥国（宮城県）、出羽国（山形県）までときわめて広範囲である。ヤマトと東国、さらに陸奥・出羽をつなぐ街道ということで自然発生的に生まれたものだろうが、地理的な一貫性は「山の道」である。塩竈《しおがま》を除けば、海には縁が薄く、海人族（海人）に対して「山人」という縄文由来の狩猟民が主体であるが、河川を遡って内陸部へと進出していた海人族と各地で交錯している。その象徴が各国の信仰（一宮）と、国造（アラハバキ）との関わりであろう。

一五七頁と重複するが、この地域の一宮六社を再度記しておく。

【東山道の根源社／一宮六社】

▼上野国（大国）　**一之《いちの》宮貫前《みやぬきさき》神社**（一宮・名神大社）群馬県富岡市一ノ宮

▼下野国（上国）　**日光二荒山《ふたらさん》神社**（一宮・名神大社）栃木県日光市山内

▼陸奥国（大国）　**志波彦《しわひこ》神社**（名神大社）宮城県塩竈市一森山

鹽竈《しおがま》神社（一宮）右に同じ

都々古別《つつこわけ》神社（**八槻都々古別神社**）（一宮・名神大社）福島県東白川郡棚倉町八槻大宮

▼出羽国（上国）　**鳥海山大物忌《ちょうかいさんおおものいみ》神社**（一宮・名神大社）山形県飽海郡遊佐町大字吹浦字布倉

縄文人と海人族が混在する毛野国

上野国と下野国は、現代では群馬県と栃木県にほぼ相当するが、元は「毛野《けぬ》」という一つの国である。これを「上毛野《かみつ》」「下毛野《しもつ》」と上下に分け、さらに「かみつけぬ」「しもつけぬ」となったものである。両者を合わせた面積は広大で、なおかつ海と接することのない隔絶された地域である。

では「毛野」とは何かといえば、『常陸国風土記』に「筑波はもともと紀の国である」と記されているところから、「木の国」が語源であろう。「毛野川《けぬ》」は古くから常陸国と下総国の境界（『続日本紀』）という記録もあって、これは現在の「鬼怒《きぬ》川」のことであろうから、「きのくに」であるだろう。

しかし貫前神社と二荒山神社は、いずれも古くからの信仰を得ているもので、並び立つほどの信仰が、後々二つの別々の国を生み出したのかもしれない。信仰が異なれば、国も異なるという事例であろう。

上野国《こうずけのくに》一宮は、**貫前《ぬきさき》神社**（通称・**一之宮貫前《いちのみやぬきさき》神社**）である。

▼**一之宮貫前《いちのみやぬきさき》神社**（**抜鉾《ぬきほこ》神社**）群馬県富岡市一ノ宮（旧上野国甘楽《かんら》郡）

【祭神】経津主神　（配祀）姫大神

下野国《しもつけのくに》一宮は、日光《にっこう》市の**二荒《ふたら》山《さん》神社**である。

▼**二荒《ふたら》山《さん》神社**（通称　**日光二荒山神社**・補陀落《ふだらく》神社）栃木県日光市山内（旧下野国都賀郡）

【祭神】大己貴命　田心姫命　味耜高彦根《あじすきたかひこね》命

▼**二荒《ふたら》山《やま》神社**（通称　**宇都宮二荒山神社**・明神様）栃木県宇都宮市馬場通（旧下野国河内郡）

【祭神】豊城入彦命　（配祀）大物主命　事代主命

貫前《ぬきさき》神社は、参道が下り坂になっている、いわゆる「下り宮」で、きわめて珍しい。下り宮は全国に数社しか存在しないもので、そのほとんどは怨霊神を封じ込めて鎮魂するために創建されている。では、貫前神社の祭神はというと、**經津主神《ふつぬしのかみ》**と**姫大神《ひめおおかみ》**である。

経津主神は、当社では物部氏の祖神としているが、根拠は不明である。建国神話では、経津主神（布都怒志命《ふつぬしのみこと》）は武甕槌神《たけみかづちのかみ》を連れて降臨し、葦原の中つ国接収に功あったとされる武神である。

姫大神は由来不明で、姫大神という神名そのものが代名詞でもあるところから手掛かりはほとんどない。この一之宮地方は古くは「綾女庄《あやめのしょう》」と呼ばれていたようであることから、古代に繁栄した女王国があったのかもしれない。

いずにせよ上毛野氏、下毛野氏ともに出自は海人族の毛野氏であって、ヤマトが東国支配をおこなう以前からの国造である。

であるならば、すでに記したように氏神は瀬織津比咩であって、元宮は三室《みむろ》の女体社であるだろう。とすれば、経津主神はこの地を武力制圧し、怨霊神となった女王を封印し鎮魂するためにヤマトが共に祀ったとも考えられる。怨霊神を封じる際に、ヤマトの神を監視役や封印役に祀るのはヤマトの常套手段である。

貞観元年に賜ったと伝えられる清和天皇の宸筆の額が伝わっているが、そこに「正一位勲五等抜鉾《ぬきほこ》神社」とある。すなわち「ぬきさき」の古名は「ぬきほこ」であったことを示すもので、ここからも鎮魂の役割が見えてくる。鉾を大地に突き刺す行為は、封印である。そしてそれを抜く行為は、封印の解除であろう。この名が示すのは、怨霊神の祟りを解き放つ、解除するという意味ではないだろうか。いつかそうなることを祈って、当社はここに下り宮として鎮座しているのだと私は考えている。アラハバキが討伐される前は、当社の祭神はおそらく姫大神のみであったのではないだろうか。

二荒山《ふたらさん》神社は宇都宮市にもあって、こちらも式内社の論社（候補神社）となっているのだが、実は論じるまでもない。二荒山神社は二荒山を神体山とするものであるのは明白で、したがって奥社・奥宮に相当するものは二荒山に鎮座しており、二荒山神社とはその里宮のことである。
であるから、二社を区別して片や日光二荒山神社と称し、片や宇都宮二荒山神社と称するのもおかしな話であって、本来は日光市の二荒山神社には「日光」という形容は不要である。そもそもこの地が「日光（にっこう）」という地名であるのは、もともとの「二荒山（ふたらやま）」を音読みして「にこう」としたことに始まる。この音読みは呉音であるから、仏教に由来する。日光の地名そのものが大和言葉ではなく呉音であるのは、六世紀以降、仏教者による支配が徹底的におこなわれたことによっている。その証左はこの地の多くの代表的地名が仏教由来であることからも明らかであろう。日光の象徴的存在である「華厳《けごん》の滝」も「中禅寺湖《ちゅうぜんじこ》」も、仏教由来で命名されている。これらの滝や湖ははるか古代からこの地に存在していたのであるから、当初からこのような仏教色鮮明な名称であったはずもなく、ではそれまで名無しであったのかといえば、そんなことはないだろう。これほどに際立った滝や湖が、無名のまま何千年も放置されるとは考えがたく、とすれば何か別のしかるべき名称があったはずである。

六世紀に仏教が移入されて以来、全国的に地名も仏教化していった。二荒山の名も、どうやら「補《ふ》陀落山《だらくさん》」に由来するようで、これも仏教化以前の名は不明である。もともとの由来や呼び名を消すために、固有名詞をすべて置き換えて、それまでの記録（記憶）をことごとく消し去ったのは、全国各地でヤマト朝廷がおこなってきた聖地簒奪の中でも特別のものであろう。元の姿を復元したいと願って私もいろいろ調べているのだが、困難を極めている。アラハバキ亡き後、歴史の書き換えをヤマトはいたるところでおこなってきているが、この地にはそれほど特別な事情が伏在していたということなのだろう。それはいったい何なのか、いずれ解き明かしたいと思っている。

ちなみに当社の境内地は、伊勢神宮に次ぐ広大さで、日光連山の峰々から華厳の滝にいたるまで、日光国立公園の中心部のほぼすべてを占めており、その面積は約三四〇〇ヘクタール（三四平方キロメートル）にも及ぶものである。

アラハバキ以前の神々について

青森で大規模縄文集落の三内丸山遺跡が発掘されてから（一九九二年から本格的発掘調査）、東北地方のイメージは大きく変わった。遺跡は、縄文時代前期中頃から中期末頃（約五九〇〇～四二〇〇年前）まで約一七〇〇年間継続して営まれていたとされる。むろんまだアラハバキもヤマトも存在していない、はるか以前である。

本格的な発掘開始から、まだ三十二年しかたっていないので、判明していることは一部に過ぎないが、それでも思いがけない発見がいくつもあった。

なかでも、人々を驚かせたのは、これほどの大規模遺跡が城壁も堀もないまま一七〇〇年間もの間営まれていたという事実であった。争闘のための対人武器が発掘されず、争闘で負傷した痕跡のある遺骨もこれまで発掘されていない。

また、気温環境の変化は大きな要因とされる。

「（遺跡の成立原因）約五九〇〇年前陸の気温が急に上昇して暮らしやすくなった。特に、ドングリやクリなどが繁茂し、その実りを享受できるようになったことが大きい。海産物の生産も増加した。（遺跡の衰退原因）四二〇〇年前には急激に寒冷化した。特に、海水は2.0℃の下降を示した．2.0℃という気温・水温差は緯度方向の距離で約230kmに相当する（青森－仙台あるいは酒田）。大きな実のなる（商業目的の）クリ林は、現在山形県あるいは宮城県南部以南なので、縄文中期には、青森でもりっぱな実のなる栗林が存在し、三内丸山遺跡の人々の食料も潤沢であった。しかし、突然の寒冷化により、クリなどの陸上の食料生産は激減した。陸上動物も同様に減少し、遺跡の人々の食料確保に深刻な影響を与え、遺跡の衰退をもたらした。この気候の寒冷化は日本全国でおこり、縄文人の人口減少の重要な原因であった可能性が高い。」(「東京大学大気海洋研究所ホームページ」より引用)

その三内丸山遺跡は、辺り一帯の集落遺跡の中でも特異な存在であって、他と比べて桁違いの大量の土偶(とくに板状土偶)が出土していること、さらにここ独自の遺跡として巨大な六本柱の建築物が確認されたことである。この両者は、人々の日常生活には関わりのない、しかし精神的には重要な「信仰」や「祭祀」に関わると推測される遺物だからである。はたして彼らが何を信仰していたのか、どのような祭祀をおこなっていたのか、この遺物だけでは判然しないが、縄文時代の早い時期から、東北地域ではすでに確たる信仰が根付いていたことだけは間違いないだろう。

東北にはアラハバキ以前から崇敬される神があって、それが一宮の前身である神に直結するものであるのかどうか、あるいは海人族の神々と関わっているのかどうか、今後の研究の重要な課題となるだろう。

その神の筆頭は、いうまでもなく陸奥国一宮である。祭神の塩土老翁《しおつちのおじ》は、『古事記』では塩椎神《しおつちのかみ》、『日本書紀』『先代旧事本紀』では塩土老翁などと記されるが、いずれにせよ由来不明の神である。その名から製塩の神として信仰されているが、「しお」は「潮」からきたもので、「つ」は「ノ」の意で、「ち」は「霊《ち》」か「路《みち》」であろう。すなわち「潮ノ霊」「潮ノ路」を示す神名であるだろう。つまり、海人族《あまぞく》の神である。

海人族は各地の国造や祀職となって海辺の開拓に関わっているが、陸奥国がその最北端であろう。

これより北には縄文人の痕跡はあっても、海人族の痕跡は今のところ発見されていない。つまり、最北の一宮である。

▼志波彦《しわひこ》神社鹽竈《しおがま》神社（通称・鹽竈神社）宮城県塩竈市一森山（旧陸奥－陸前－国　宮城郡）
【祭神】塩土老翁神《しおつちのおじのかみ》　武甕槌神《たけみかづちのかみ》　経津主神《ふつぬしのかみ》

陸奥国一宮は**鹽竈《しおがま》神社**であるが、同一境内に**志波彦《しわひこ》神社**も祀られており、二社で一体とされている。祭神の塩土老翁神《しおつちのおじのかみ》はこれまで述べてきた通り海人族の神であるが、これに対して武甕槌は鹿島神宮の神であり、経津主は香取神宮の神であって、ともにヤマトの神である。つまり、北の脅威を監視するために朝廷から派遣された武神であって、塩土老翁神を監視しているのだろう（封じている）。

奥州は古くから東夷《あずまえびす》の辺境蛮地とされて、朝廷はたびたび軍勢を差し向けている。その皇軍を率いる者の称号が征夷大将軍、つまり「東夷を征する将軍」である。坂上田村麻呂が初めて任じられたもので、これが後々の「将軍」の始まりであるが、もとは安倍一族を敵として戦うための称号である。そして安倍一族とはもともと海人族で、いかに安倍一族が強敵であったか想像できようというものだ。安倍の直系である安藤氏（安倍と藤原の合成姓氏）は、古くから鹽竈神社の社家であった。安藤氏は陸奥一帯の海運を支配する氏族であったことが鎌倉幕府などの記録からもわかるが、その中心に鹽竈神社があった。海の民の守護神として古くから信仰されていたのだ。

前九年の役（一〇五一～一〇六二）で〝叛逆者〟としてその名を馳せた武将・安倍貞任《さだとう》の末裔は東北を中心に各地に栄えている。茨城県下妻の宗任《むねとう》神社は、安藤氏の祖、貞任・宗任兄弟を祀り、由来を伝えている。

「長髄彦《ながすねひこ》の兄安日は神武天皇の時追放せられて津軽（東日流）に住し外浜安東浦を領す。斉明天皇御宇、蝦夷乱る。安倍比羅夫を将軍として差向らる。此時、安日が末葉に安東という者来り我は安日の末葉也と。比羅夫其功を賞して安倍氏を与え同姓とす。」（宗任神社略記）

社伝では、その裔・頼時が安東太郎を初めて名乗り、その子が貞任・宗任となっている。

安倍貞任・宗任兄弟は、日本史上では足利尊氏などとともに叛逆者とされてきた。その根拠は、朝廷に従わない者、すなわち「まつろわぬ者」の長だったことによっている。

ちなみに貞任・宗任兄弟は、「宗任大明神略伝記に、宗任命身長六尺四寸、貞任命身長七尺五寸。」（宗任神社略記）とあるくらいで、かなりの大柄であったようだ。いわゆる「海人」「海部」等の族長家は、血統的に大柄であるところから、同族の特徴が安倍一族にもあったとも思われる。

鹽竈神社（表坂石段）

「宗任命貞任命とは、東北地方の豪族で前九年の役で歴史上反逆者と言われておりますが、逆に民衆からは、長い間崇敬され続けられております。」（宗任神社略記）

朝廷にとっては叛逆者でも、地元の奥州では英雄として崇敬されている。

由来不明の神・都々古別神《つつこわけ》を祀っていた一宮

陸奥国一宮は、都々古別《つつこわけ》神社も論社（候補神社）の一つである。陸奥国そのものが広大であるので、北部と南部にそれぞれ中心的な神がいても不思議ではないので、私は南一宮と位置付けている。

都々古別神社は二社あって、いずれも一宮を自称しているが、福島県東白川郡棚倉町八槻字大宮に鎮座する**八槻都々古別神社**《やつきつつこわけ》を本書では比定する（近津神社を合わせて上中下の三社構成であったとの説もあるが、根拠が薄弱であるため本書では採らない）。

なお、同じ棚倉町の棚倉字馬場にもう一社都々古別神社はあって、こちらは通称、**馬場都々古別神社**《ばばつつこわけ》と呼ばれている。「延喜式神名帳」には、陸奥国白河郡に「**都都古和気神社**　名神大」と記載されているが、どちらを指しているか確定しない。どちらも祭神は、味耜高彦根命《あじすきたかひこねのみこと》と日本武尊《やまとたけるのみこと》の二神である。

▼**都々古別神社**（**八槻都々古別神社**）福島県東白川郡棚倉町八槻字大宮
【祭神】味耜高彦根命・日本武尊

▼**都都古和氣神社**（**馬場都々古別神社**）福島県東白川郡棚倉町棚倉字馬場
【祭神】味耜高彦根命・日本武尊

伝承によれば、創建はどちらも日本武尊に由来している。神体山（神奈備《かんなび》）である建鉾山《たてほこやま》（立鉾山・

都々古山）には多くの祭祀遺跡があり、古くから信仰の場所であったことがよくわかる。この山に日本武尊が鉾を立てて地主神として味耜高彦根命を祀らせたのが、**馬場社**の創祀であるとしている。現在地に遷座したのは、寛永二（一六二五）年という。つまり、現在の鎮座地は新しく遷り来たものであって、元は建鉾山であった。

これに対して**八槻社**は、日本武尊が東夷を征討した際に、尊の守護神三神が建鉾山に隠れたという（おそらく埋葬したのだろう）。そしてその征討の際に尊が放った鏑矢《かぶらや》が落ちた場所を「矢着《やつき》」と呼び、後の神亀三（七二六）年に「八槻」に改めたものという。これらの創建伝承から、古式を今に残すのは八槻社であろうと本書では結論するものである。

なお、祭神の味耜高彦根命は農業神であるとして信仰されているが、稲作（水田耕作）が陸奥地方に入るのはだいぶ遅れてからであるので、本来は山の恵みを象徴する土着神であろうと思われる。

つまり、前記の鹽竈神社と同様に、征討した土俗神をここに封印して、監視役として日本武尊を配祀したものだろう。祭神名のヤマトタケルが倭建命（『古事記』表記）ではなく、日本武尊（『日本書紀』表記）となっていることからも、後付けで朝廷による政治的意向が加わったのだと推測される。

なお、当社の祭神は本来、都々古和気神という名であるべきと私は考えるが、『古事記』や『出雲風土記』に登場する農業神・アジスキタカヒコネの名を借りて権威付けすることで縄文色を消してしまったのはまことに残念なことであった。

朝廷からの崇敬も篤かった神々

出羽国一宮は、**大物忌《おおものいみ》神社**である。本社はあくまでも鳥海山山頂で、麓の二カ所（吹浦《ふくら》と蕨岡）に口之宮と称する里宮がある。大物忌神社とは、これら三社の総称である。現在の正式社名は**鳥海山大《ちょうかいさんおお》**

物忌《ものいみ》神社であるが、中世まで山そのものに特に名前はなかった。

文字通り鳥海山を信仰するもので、縄文時代から（あるいはもっと前から）確固として存在している。つまり、海人族渡来よりはるか昔から信仰されているもので、出羽三山、岩木山とともに東国随一の古き由来に起源する信仰である。おそらく「約五九〇〇年前陸の気温が急に上昇して暮らしやすくなった」頃から信仰されているのではないかと推測する。

▼**鳥海山大物忌神社**　山形県飽海郡遊佐町大字吹浦字布倉（旧出羽－羽後－国　飽海郡）

【祭神】大物忌大神　（配祀）月山神

主祭神の大物忌大神とは、鳥海山そのもののことであるので、この名で呼ばれていたのかもしれないが、記録はない。大規模な噴火を繰り返す火山であったため、朝廷からも恐れられており、噴火は東夷の反乱と結びつけられた。山頂の社殿も噴火によって何度も焼失しており、創建にともなう記録も失われており不明である。「記紀」に登場しない神で、分祀も本社を含めて全国に一〇社のみである。秋田県四社、山形県四社、埼玉県一社、滋賀県一社。

祭神は、月山神も並立している。月山は、修験道によって出羽三山神社とされて、羽黒山・湯殿山と共に信仰されているが、元々は鳥海山と並び称される出羽の二大霊山として信仰されており、月山神社も出羽一宮とする説もある。どちらが一位ということではなく、出羽国は霊山に抱かれ長く隔絶された世界であった。それは、まさに「記紀」に登場しない神を信仰するもので、最後の山人世界であるだろう。なお、月山神は、記紀神の月読尊《つくよみのみこと》のことではない。月山独自の神である。

なお当社の最も重要な点は「ヤマトの神」が祀られていないことである（豊受姫命が配祀されたという説もあるが不詳。また大物忌大神を倉稲魂命と同一であるとの説もあるが根拠不明）。

にもかかわらず、しばしば神威功績あって、歴代天皇の崇敬は篤かったとされる。

ちなみに、**出羽三山**（**羽黒山、月山、湯殿山**）、とくに羽黒山と月山については、蜂子《はちこ》皇子《おうじ》が開山したとされているが、しかしそれは修験道の道場として、ということであって、この三山が霊山として信仰されるようになったのは、はるか古代に遡る。その起源は、縄文時代中期にはすでに始まっているだろう。山があって、人がいれば、おのずからそこに信仰は発生する。当時は、そういう時代である。そしてこの地においてもその事実に変わりはなく、証左は山中や山麓に残されている多くの遺物によって明らかである。

かつて神道信仰の北限は東北であった。といっても、神社というものが建設される神社神道以前の信仰、いわば古神道ともいうべき姿の信仰であって、少なくとも津軽海峡の手前までは地続きである限り同種の信仰が境目なくあったことだろう。

とりわけ東北地方は急峻な山岳が海に迫り、人智を超える神々は、海の彼方か、山の奥から顕れると考えられていた。それゆえに海も山も神秘である。海の幸は山から流れ下る河川によって豊かさを保証され、山に対する畏怖も崇敬も海と対になっていた。

▼**月山《がっさん》神社**（通称　月山権現）山形県東田川郡庄内町立谷沢字本澤

【祭神】月読命（本来は月山神）

▼**出羽《いでは》神社**（通称　羽黒権現）山形県鶴岡市羽黒町手向字羽黒山

【祭神】伊氏波神　稲倉魂命

▼**湯殿山《ゆどのさん》神社**（湯殿山権現）山形県鶴岡市田麦俣字六十里山

【祭神】大山祇神　大己貴命　少彦名命

岩木山神社（青森県弘前市百沢／岩木山山麓に鎮座）は、新一宮として後世に認定されたものであるが（津軽国一宮）、岩木山への信仰は古来続いているもので、突然新たに生まれたわけではない。信仰の形態も歴史的ありようも、他の縄文の神々と相似である。私たちの祖先が何をもって崇敬畏敬してきたのかといえば、これこそが原形であって、これらの山々が太古のままにそこにある限り、祖先の心情をいつでも思い出すことができるというものであるだろう。

海人族が渡来するはるか以前からこの地には山を敬う縄文人が暮らしていた。いつしか両者は融合して一つになった。つまり、山の信仰と海の信仰とが一体になって、アラハバキは、その血脈に連なるものであるのだろう。

よみがえる北の神々

今でこそ寒気厳しい北の大地に鎮座する神々は、縄文時代は暖かい森に包まれていた。まだ神社建築というものがなかった頃のことであるので、その崇敬対象は左の写真にあるような超自然的な山容であった。

最初の海人族が渡来してきたのは、こういった大自然を人々が素朴に信仰していた頃であるだろう。「国造」すなわち「くにづくり」をみずから唱え、海辺に神を祀り、身に着けていた様々な技術で開発していった。縄文時代が終わる頃にはアラハバキ＝国造ネットワークもおおかた完成していたことであるだろう。それが「東国」の実像である。

スサノヲによって最後のアラハバキが討たれるまでの数世代は、アラハバキと无邪志《むさし》国造とは同一であったのだろう。三室《みむろ》に海人族の氏神が祀られ、高鼻《たかはな》に政庁があったのは、海人族の中でも无邪志国造が主宰力を持っていたことの証左であろうし、地理的にも東国の中心地にふさわしい場所として広く認知されていたことと思われる。

いま、ふたたび温暖な東北地方がよみがえろうとしている。その時には、北の神々も昔の賑わいを

鳥海山大物忌神社本社と鳥海山山頂

岩木山山頂の巨岩

取り戻すかもしれない。

海人族は全国各地の津（港）に入植し、やがてその一族は、川を遡って支配地を広げて行った。この国で大河の岸辺に村を形成するのは、海人族が始まりであった。

縄文人は海辺に貝塚を生み出したが、渡来の海人族は海辺に漁村は設けず、縄文人の末裔たちと共存し、信仰拠点を作って、やがて懐柔吸収した。村邑は川を遡った上流の河辺に展開し、その子孫たちは三千年以上後の今に至るまで繋がっている。その最終段階で誕生したのがアラハバキ政権であるのだろう。

アラハバキが東国を統治するようになるまでに要した時間はけして短いものではないだろう。時期も地域もまちまちにやって来た海人族が、アラハバキという連合システムを獲得するまでには少なくない時間と労力があったと思われるが、ひとたびアラハバキのもとで連合してからは、西国のヤマト政権よりも固い絆を確立したことだろう。その観念軸をなしたのが信仰で、祈りのための社祠（ホコラ）をすべてのムラに設けて、天を拝した。社祠の多くが南向きであったのは、拝する者は北に向かうからである。北の頭上のはるか彼方には、海人族の守護神である北辰（北極星）が不動のままに輝いている。これが、後々の神社神道の起源になった。

それとは別に瀬《せ》織津《おりつ》比咩《ひめ》や塩椎神《しおつちのかみ》、海神などの氏神は国造ごとに個別に祀られ、地域の信仰を形成していく。

なお、氷《ひ》川内記《かわないき》こと出水内記橘《たちばな》　盛清《もりきよ》の所業については第一章で述べたが、彼があのようなドラスティックな改革を強引に推し進めた理由は依然として不明である。しかし内記が俗名として「橘」姓を名乗ったのだとすれば、『諸国一宮巡詣記』の著者・橘三喜とのつながりを想起しないわけにはいかない。そして橘三喜自身と女体社との特別な関係についても思いは巡る。三喜も内記も、もとをたどれば海人族の血脈であって、アラハバキと瀬織津比咩の復権を構想していたのではないかというと、妄想が過ぎるだろうか。

ヤマトは、アラハバキの御霊《みたま》を大宮の地に祀ることによって、関東の海人族・国造の服属を促した。すなわち、高鼻の地に最初に祀られたのはアラハバキを唯一の祭神とする火河神社である。これが、「延喜式神名帳」に記された「氷川神社　一座」の真相であるだろう（火河が氷川に改字されたのがいつの時点かは不明）。

それからまもなく、ヤマトは東国経営を盤石なものとなすべく、高鼻の祭祀を改変した。これを、誰が、いつ、実施したのか記録はないのだが、兄多毛比《えたけひ》が四二五年頃におこなったと考えるのはさほど無理はないだろう。その結果は、周知のように、氷川神社四座となった。中世までには改変されていたことは社伝の関連資料で確認できるので、ほぼこのような経過をたどったのではないかと考えられる。

そしてその結果は、同一の境内に、男体社にスサノヲ、女体社にクシナダ、簸王子社《ひおうじしゃ》にオオナムジ、荒脛巾社にアラハバキを祀り、遅くともこの時点までには氷川と改字されていたであろう。その後の経過は本文ですでに述べた通りである。

現在の大宮氷川神社は、本殿一社に三座祀られている。須佐之男命、稲田姫命、大己貴命である。明治になって早々に神祇通達で一社一座に復されたのはめでたいことであったが、またいつの間にか現在の祭祀形態である一社三座になっている。

こうしてみると、氷川の祭祀は変遷するのが宿命のようであるが、混沌とした変遷史はあまり望ましいものではないだろう。

かつて中世には、鎮座地こそ大宮高鼻のうちであるとはいうものの、一社一座で、境内に四社四座が並立していたが、旧に復された。

ぜひもう一度、明治の神祇通達に従って一社一座に復していただきたいものだ。それこそが、ヤマトと東国が融合した祭祀、すなわち氷川社の原点ではないだろうか。

ただし、その一社一座とは、大宮氷川神社に須佐之男命、中氷川神社に阿良波々岐命、氷川女体神社に瀬織津比咩命、である。これが氷川のあるべき姿なのではないかと、私は願ってやまない。

あとがき

アラハバキという呼び名が、ある特定の個人を指すものではなかろうという推測は、かなり早くから私は考えていた。その一番の理由は、人格（神格）ともいうべきものがまったく伝承されていないことにある。文献に所載のない神で由来不明の神はけして少なくないが、伝承されながら次第に何らかの人格に相当するものをまとってゆくのは自然の成り行きで、たとえそれが畏怖からであっても、裏返せば親愛敬愛にもなるような人格が付加されるものであって、それがまったくないということは特定の人格が似つかわしくないということを人々が承知していたからであるだろう。その理由は本文中において記したように、一個人に収斂しようのないものであるからだ。

かつてこの国は大きく二つに分かれていた。越・信濃・駿河より東は、ヤマト朝廷に「まつろわぬ者」であった。のちに東国とも呼ばれる関東から東北にかけての地域は、「まつろわぬ者」として、長くヤマトは征討対象としていた。歴史的にもスサノヲ、イワレヒコ（神武天皇）、ヤマトタケル、藤原宇合《うまかい》、紀古佐美《きのこさみ》、大伴弟麻呂《おとまろ》、坂上田村麻呂、源頼義らによって繰り返し征討されるまでは、海人族の裔《すえ》らと縄文人の子孫らによる国々の連合体として繁栄している。それはある時には日高見国《ひたかみのくに》と呼ばれ、またあるときは蝦夷地と呼ばれたりもしたが、その実体は関東を中心とする東国連合であった。

そもそもヤマトの征討戦略は、まつろわぬ者を滅亡させることではなく、服属させ取り込むこと、すなわちまつろわせること（信仰上の服属）にあった。

アラハバキが「消された王権」となったことはまぎれもない歴史的事実であって、ヤマトの東国統治においていかに邪魔な存在であると考えられていたかが判然する事件である。せっかくスサノヲがアラハバキ神社として手厚く祀ったものを、何者かが消し去ろうとしたのだ。

つまりその原動力は信仰（まつり）である。九州南端の隼人《はやと》族を初めとして、熊襲《くまそ》（球磨鹿）、土蜘蛛《つちぐも》（津知雲）等は、上古の日本においてヤマト王権・大王《おおきみ》（天皇）に恭順しなかった土豪たちを呼ぶヤマト名称である。各地に存在しており、単一の勢力の名ではない。また同様の存在は国栖《くず》、八束脛《やつかはぎ》、井氷鹿《いひか》、名草戸部《なぐさとべ》等々、記録に残っている者だけでも少なくない。そして彼らにはそれぞれの素朴な信仰があったはずで、ヤマトはそのすべてを飲み込んだ。その最終段階がアラハバキの征討であったのだ。ヤマトの野望はこれによってある意味で完結した。

アラハバキが征討されて、ヤマトの神々が関東から東北へと満遍なく浸透して行くことになるが、それでもなおアラハバキ信仰は消滅することなく、あるいは密かに、あるいは質素に各地に継承され続けた。これは、「東国の性根《しょうね》」である。

北の大地に聳える個別の神の山については、本書では一部を紹介するにとどめたが、いつか機会があればさらに掘り下げてみたいと願っている。きっとそれが、縄文神の原点なのだろう。

なお巻末に付した「アラハバキ及び氷川神社関連年表」は、通常の年表と異なり、事実関係や伝承等を元にして西暦に換算したものである。「記紀」に記された古代の年数は、古代文献相互の非整合などのいくつかの問題からそのまま使うことが困難なため、倉西裕子氏による『日本書紀の真実：紀年論を解く』（講談社選書メチエ）等を参考に、著者が策定したものである。いまだ定説になっていないものなので、あくまでも著者の私見として参考になれば幸いである。

令和六年神奈月　戸矢 学

【参考資料】（＊順不同）

『古事記』国史大系　吉川弘文館　二〇〇二年
『古事記伝』本居宣長　倉野憲司校訂　岩波書店　一九四〇年
『古事記』倉野憲司校注　岩波書店　二〇〇八年
『古事記』新潮日本古典集成　西宮一民校注　新潮社　一九七九年
『日本書紀』国史大系　前編・後編　吉川弘文館　一九九三年
『日本書紀私記』国史大系　吉川弘文館　二〇〇三年
『日本書紀』全五巻　坂本太郎他校注　岩波文庫　二〇〇三年
『新編武蔵風土記稿』内務省地理局　一八八四年（国立国会図書館蔵）
『交替式・弘仁式・延喜式』新訂増補国史大系　前編・後編　黒板勝美編　吉川弘文館　一九八一年
『延喜式』国史大系　前編　吉川弘文館　一九八一年
『延喜式祝詞教本／附宣命』御巫清勇　神社新報社　一九八〇年
『新撰姓氏録』八一五年　国立図書館コレクション　二〇一五年
『古語拾遺』斎部広成撰　西宮一民校注　岩波文庫　一九八五年
『菅江真澄遊覧記』内田武志、宮本常一編訳　平凡社／東洋文庫　一九六八年
『折口信夫全集』中央公論社　一九六五～六八年
『式内社調査報告』第十一巻　東海道　式内社研究会編　皇學館大学出版部　一九七六年

『大里郡神社誌　埼玉県の神社』国書刊行会　一九八四年
『埼玉の神社』全3巻　埼玉県神社庁神社調査団　埼玉県神社庁　一九八六、九二、九八年
国立国会図書館デジタルコレクション　https://dl.ndl.go.jp/
他

『神剣考』高崎正秀著作集　第一巻　桜楓社　一九七一年
『武蔵の古社』菱沼勇　有峰書店　一九七二年
『白鳥伝説』谷川健一　集英社　一九八五年
『津軽の荒吐神伝承と赤倉信仰』太田文雄　青森県文芸協会出版部　一九九四年
『武蔵国と氷川神社』西角井正文　岩田書院　一九九七年
『蛇　日本の蛇信仰』吉野裕子　講談社学術文庫　一九九九年
『日本書紀の真実：紀年論を解く』倉西裕子　講談社選書メチエ　二〇〇三年
『戦後最大の偽書事件「東日流外三郡誌」』斉藤光政　集英社文庫　二〇一九年
（＊なお「東日流外三郡誌」はすでに偽書として評価は定まっているため、他の関連書についてはとくにここには記さない。）
『大宮氷川神社と氷川女體神社　その歴史と文化』野尻靖　さきたま出版会　二〇二〇年
『縄文語への道　古代地名をたどって』筒井功　河出書房新社　二〇二二年
『〈小さき社〉の列島史』牛山佳幸　法蔵館文庫　二〇二四年
他

〈参考サイト〉
「分布に特徴ある神社を考える　グーグルアース用に作成した地図の紹介」関東平野「アラハバキ」神社（その1〜6）運営者・マグノリア https://magnoliachizu.blogspot.com/2014/04/blog-post_29.html
他

〈参考自著〉
『オオクニヌシ　出雲に封じられた神』河出書房新社　二〇一七年
『スサノヲの正体　ヤマトに祟る荒ぶる神』河出書房新社　二〇二〇年
『三種の神器　天皇の起源を求めて』河出文庫　二〇一六年
『縄文の神　よみがえる精霊信仰』河出書房新社　二〇一六年
『ヒルコ　棄てられた謎の神』河出文庫　二〇二四年
『古事記はなぜ富士を記述しなかったのか　藤原氏の禁忌』河出書房新社　二〇一九年
『縄文の神が息づく、一宮の秘密』方丈社　二〇一九年
『神々の子孫「新撰姓氏録」から解き明かす日本人の血脈』方丈社　二〇二一年
他

その他多くの文献資料、映像資料、インターネット資料、図版資料を参考としております。各資料の著者・編者・版元にここに改めて謝意を表します。

なお、自著引用は本書テーマに相応しいよう適宜に省略あるいは改稿補筆しているため、各論の詳細は当該各書をご参照されますようお願いいたします（＊右記の八冊から一部分を改稿して掲載して

おりますが、あくまでも抄録ないしは部分引用のため、原本に目を通されるようおすすめいたします）。

また、本文中に引用されている「記紀」をはじめとする古文献の書き下し文および訳文は、とくに但し書きのない限りすべて著者自身によるものです。

アラハバキ及び氷川神社関連年表

西暦	和暦	氷川神社	氷川女体神社	氷川中山神社
	縄文時代後期	海人族の有力者・无邪志氏が国造を名乗る。（古利根川、元荒川を遡った海人族の各集団が知々夫国造、上毛野国造、下毛野国造等を名乗って各地に定住し、无邪志国造を中心に東国連合を形成）	海人族の氏神「女体宮」創建（瀬織津比咩）	御火塚として鎮座（火之迦具土之神？）
２４８年	弥生時代初期	（ヤマト王・アマテラス死す）	（見沼・御船祭）	（以後、鎮火祭の宮に）
２５０年頃	同	スサノヲ＝ミマキイリヒコ（崇神）による八岐大蛇退治（関東攻略） アラハバキ（无邪志国造）死す。当地（足立郡大宮）に荒脛巾神社として創建（御霊鎮魂）→火剣祭		（火の宮と通称か）
２５１年頃	同	（ミマキイリヒコ＝崇神即位）		
４世紀中頃？	成務天皇年間	兄多毛比命が初代（任命国造）の武蔵国造に就任。		
４２１年	允恭天皇10	（倭王讃＝応神天皇？、宋に朝献、武帝から除授の詔をうける。『宋書』夷蛮伝）		
４３０年	允恭天皇19	（応神天皇没？）		
４３８年	允恭天皇27	（倭王珍＝反正天皇？が安東将軍倭国王に任命。『宋書』倭国伝）		
		（この頃、応神陵、仁徳陵等の巨大な前方後円墳が築造される）		

451年	允恭天皇40	（倭王済＝允恭天皇?が「安東大将軍」に進号する。『宋書』文帝紀）		
502年	武烈天皇4	（倭王武＝雄略天皇が征東将軍に進号）		
534年	安閑天皇1	武蔵国造の反乱。勝者・笠原小使を武蔵国造に任命（『日本書紀』）		
538年	宣化天皇3	仏教伝来。		
550年頃?	孝昭天皇3頃	大宮氷川神社の創建（『日本書紀』）。荒脛巾神社を氷川神社に置き換え、祭神はスサノヲ神とし、アラハバキ神は荒脛巾社として新たに創建）		
645年	大化1	大化の改新。		
712年	和銅5	『古事記』撰上。		
713年	和銅6	好字令により无邪志を武蔵に地名改訂。		
720年	養老4	『日本書紀』撰上。		
733年	天平5	『出雲国風土記』成立。		
768年	神護景雲2	丈部（はせつかべ）氏、武蔵宿禰を賜姓され、武蔵国造に任命。		
859年	貞観1	氷川を従五位上へ。		
878年	元慶2	氷川を正四位上へ。		
1661年頃	万治4～寛文1頃	出水内記により荒脛巾神社の跡地へ門客人神社を創建（改称と称して吉田家より認可）。祭神は足摩乳命・手摩乳命へ。荒脛巾神社は中川へ移転。		荒脛巾神社、足立郡中川へ遷宮創建鎮座。

1670年前後	寛文10前後	出水内記、社僧八坊中五坊を破却。（寛文年間1661-1673）		
1676年	延宝4	出水内記、古来の「火剣祭」を清祓いの祭りに改める。		
1679年	延宝7	出水内記追放。		
1728年	享保13		見沼が干拓され、御船祭中止。	
1729年	享保14		池の中に祭祀場（島）を設け、御船祭の代わりとなる「磐船祭」を開始。	
1868年	明治1	10月、西角井監物、神祇官指令を持ち帰る。当月末の天皇行幸と、その時までに神社祭祀形態変更指令。本社を男体社のみとし、それ以外は摂社・末社と指示。これにより「三社三神主は同格」は廃止される。男体社（スサノヲ神）のみが大宮氷川神社本社となり、女体社は氷川女体神社として分祀、簸王子社は中山神社として分祀。10日28日、明治天皇行幸。	氷川女体神社と改称し、祭神をクシナダに変更し、磐船祭を廃止。（社名・祭神・祭祀をすべて変えたのは創建の意）	中山神社に改称し、荒脛巾神社は境内摂社に格下げし境内社へ。祭神もオオナムチに変更。（社名・祭神・祭祀をすべて変えたのは創建の意）
1870年	明治3	大教宣布の詔により神道国教化を図る。		

＊倉西裕子『日本書紀の真実：紀年論を解く』（講談社選書メチエ）等を参照して作成した。

＊本書は書き下ろし作品です。

戸矢 学

（とや・まなぶ）

1953年、埼玉県生まれ。神道・陰陽道・古代史研究家、作家。國學院大学文学部神道学科卒。著書に、『陰陽道とは何か』『ツクヨミ　秘された神』『ヒルコ　棄てられた謎の神』『ニギハヤヒ　「先代旧事本紀」から探る物部氏の祖神』『三種の神器』『神道と風水』『諏訪の神』『神道入門』『深読み古事記』『オオクニヌシ　出雲に封じられた神』『アマテラスの二つの墓』『鬼とはなにか』『縄文の神が息づく　一宮の秘密』『古事記はなぜ富士を記述しなかったのか』『スサノヲの正体』『神々の子孫』『ヤマトタケル　巫覡の王』『呪術と日本昔ばなし』『サルタヒコのゆくえ』『熊楠の神』『最初の神アメノミナカヌシ』『赤の民俗学』など多数。

公式HP『戸事記』https://toyamanabu.jimdofree.com/

アラハバキ・まつろわぬ神

古代東国王権は消されたか

二〇二四年一二月二〇日　初版印刷
二〇二四年一二月三〇日　初版発行

著　者――戸矢 学
発行者――小野寺優
発行所――株式会社河出書房新社
〒一六二-八五四四
東京都新宿区東五軒町二-一三
電話
〇三-三四〇四-一二〇一〔営業〕
〇三-三四〇四-八六一一〔編集〕
https://www.kawade.co.jp/

組　版――株式会社ステラ
印　刷――光栄印刷株式会社
製　本――加藤製本株式会社

ISBN978-4-309-22950-8
Printed in Japan